Stille · Puppenküchen

Puppenküchen
1800 — 1980

Ein Buch für Sammler und Liebhaber alter Dinge

Text und Gestaltung: Eva Stille
Foto: Severin Stille

Verlag Hans Carl Nürnberg

Einbandvorderseite: Puppenküche um
1910. Gehäuse (Höhe 36, Breite 59/42,5,
Tiefe 30 cm): Holz mit weißblauer Kachel-
tapete. Herd: Blech, stahlblau, vernickelte
Teile. Geschirr und Gerät: weißes Emaille,
Holz

Einbandrückseite: Kännchen mit Tasse, um
1800. Porzellan, grün bemalt, Höhe 6,6 cm
(Slg. G. Ullmann, München)

CIP-Kurztitelaufnahme
der Deutschen Bibliothek

Stille, Eva:
Puppenküchen, 1800 — 1980: e. Buch für
Sammler u. Liebhaber alter Dinge / Text
u. Gestaltung: Eva Stille. Foto: Severin
Stille. —
Nürnberg: Carl, 1985
NE: Stille, Severin:

Alle Rechte vorbehalten
© 1985 Verlag Hans Carl Nürnberg
Umschlaggestaltung: Heinz Glaser
Reproduktion: Reinhardt & Co., Nürnberg
und Franken-Repro GmbH, Nürnberg
Druck: Heinz Neubert GmbH, Bayreuth
ISBN 3-418-00321-4

Vorwort

Thema dieses Buches ist die bürgerliche, überwiegend deutsche Puppenküche, die sich gegen Ende des 18. Jahrhunderts vom Prestige- und Spielobjekt der Erwachsenen zum Kinderspielzeug entwickelt hat.

Anhand zeittypischer in zwei Jahrzehnten systematisch gesammelter Puppenküchen wird eine kontinuierliche Entwicklung bis in die jüngste Vergangenheit aufgezeigt. Die wirtschaftlichen und gesellschaftlichen Bedingungen, welche die Küche der Erwachsenen veränderten, prägten auch die Puppenküchen. Deshalb ist den in Zeitabschnitte eingeteilten Ausführungen über Puppenküchen jeweils ein Kapitel über die »große« Küche vorangestellt.

Der besondere Reiz der Puppenküchen liegt in ihrem Detailreichtum. Geschirre und Töpfe aus den unterschiedlichsten Materialien, kleine Küchengeräte und Puppenherde werden daher ausführlich behandelt. Dem besseren Verständnis dient auch hier der Bezug des Kinder-Hausrats zum Hausrat der Mütter.

Aus der großen Zahl der alten wunderschönen — meist schon oft abgebildeten — Puppenküchen in Museen wurden bewußt nur einige wenige ausgewählt, denn der Schwerpunkt des Buches liegt aus mehreren Gründen auf der Zeit zwischen 1870 und 1940. In diesen Zeitraum fallen die wichtigsten Veränderungen im Haushalt, in diesen Jahrzehnten haben mehr Kinder eine Puppenküche besessen als jemals in einer Zeit vorher und danach. Nicht zuletzt sind Küchen dieser Zeit den Sammlern noch einigermaßen zugänglich.

Danken möchte ich allen Sammlern, Besitzern von Spielzeugkatalogen, Archiven und Museen — ganz besonders Almut Junker vom Historischen Museum, Frankfurt/M. —, die mir großzügig Objekte und private Fotos geliehen, Druckvorlagen zur Verfügung gestellt bzw. den Nachdruck erlaubt und wichtige Hinweise gegeben haben.

Bei dieser Gelegenheit denke ich auch dankbar an alle, die sich schon vor langem zu meinen Gunsten von ihrem Spielzeug getrennt haben oder die mir als Händler über viele Jahre getreu den Zugriff zu »unberührtem« Spielzeug aus privaten Haushalten vermittelten.

Inhaltsverzeichnis

Kleine Mädchen
und ihre Puppenküchen

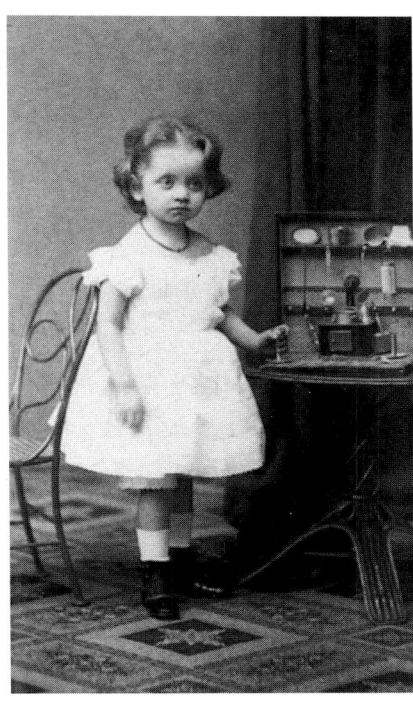

Mädchen mit kleiner Puppenküche
Fotografie Visitformat, Mitte 70er Jahre
(Fotoarchiv E. Maas, Frankfurt/M)

Kochende Kinder. Postkarte, 1903

Liebes Christkind,
ich wünsch mir eine Bupenküche und einen ofen den man einschü-
ren kan eine badewane und Farbstift 3 Blöke und einen Küchen-
kasten und eine otomane.
deine Hilde
Das ist der Wunschzettel einer Fünfjährigen, 1939 mühsam in Süt-
terlinschrift geschrieben.
Puppenküchen, Wunschtraum vieler Mädchen, waren ein typisches Weihnachtsgeschenk, ein Spielzeug, mit dem nur kurze Zeit
im Jahr gespielt werden durfte. Waren die Vorräte in der Puppenküche verbraucht, war Tage und Wochen mit Nachschub aus der
großen Küche gekocht worden, so verebbte die große Begeiste-
rung allmählich. Und kamen gar die ersten schönen Tage, die das
Spiel im Freien ermöglichten, dann spätestens war die Puppen-
küchen-Saison vorbei. Die Küche wurde wohlverpackt auf den
Dachboden gestellt und erst im Winter kurz vor Weihnachten
heimlich von den Eltern heruntergeholt. Aufgefrischt und wieder
mit guten Dingen gefüllt stand sie dann unterm Weihnachtsbaum,
Jahr für Jahr von neuem eine Attraktion.
War ein Mädchen dem Puppenküchenalter entwachsen, ging die
Puppenküche auf ein jüngeres Geschwister über und in der näch-
sten Generation bekam meist das erstgeborene Mädchen die alte
Küche. Solche Traditionen, die besonders in gutsituierten Fami-
lien gepflegt wurden, lassen sich am Beispiel einer großen Schrank-
Puppenküche ablesen, deren Geschichte wie folgt überliefert ist:
Diese Küche wurde 1885 von einem angesehenen Bürger der Stadt
Bregenz — Hotelier, Weinhändler und Stadtrat — für seine älteste
Tochter Fini in Auftrag gegeben.
Als Fini dem Puppenspielalter entwachsen war, kam die Küche
auf die kleinere Schwester Marie, die Urgroßmutter der heutigen

9

Besitzerin. — Marie heiratete später nach Lorsch. Zu ihrem Heiratsgut gehörte auch die geliebte Puppenküche ihrer Kindertage. Nach ihrer ältesten Tochter Helene spielte ab 1925 die kleinere Tochter Elisabeth damit. Der Vater der beiden Mädchen hegte und pflegte die ererbte Puppenküche wie ein »Familienheiligtum«. Das ganze Jahr über war sie weggeschlossen, aber an jedem Weihnachtsfest stand sie auf's neue mit auf Hochglanz polierten Kupfer- und Messinggeschirren, gefüllt mit Süßigkeiten unter dem Tannenbaum. Bis zum 2. Februar (»Maria Lichtmeß«) durften die Kinder damit spielen. Das war der Tag, an dem in vielen Familien traditionsgemäß auch der Weihnachtsbaum abgeräumt wurde.

Mit Elisabeths Tochter Uli (geb. 1950) kam die Küche dann nach Frankfurt. Heute spielt Ulis 1979 geborenes Töchterchen Luise mit Finis Puppenküche.

Während 100 Jahren Spielgebrauchs wurde in dieser Küche kaum etwas verändert. Einige Geschirre sind im Gang durch die Generationen zerbrochen und durch neue ersetzt worden. Aber die Rückwand hängt noch voll mit alten Kupferbackformen. Und mit dem

»Finchens Puppenküche«, 1885
(Besitz: U. Bähr, Frankfurt/M)

schwarzen Eisenblechherd blieben über vier Generationen die Kakaokanne, Kupfertöpfe, Kaffeeröster und Milchwärmer unversehrt.

Ähnlich liebevoll wurde eine Frankfurter Puppenküche verwahrt, mit der ein anrührendes Stück Zeitgeschichte verbunden ist. Die Einrichtung ist auch bei dieser Küche noch die alte, sogar die Schrankbrettspitzen haben den Stilwandel mehrerer Jahrzehnte überlebt. Nur die Herde wurden zweckmäßigerweise für jede Generation erneuert.

1933 bekam Frau K. diese Puppenküche geschenkt. Sie war vor Weihnachten in einer Frankfurter Tageszeitung zum Kauf angeboten worden, weil sich eine jüdische Familie — im Begriff, nach Amerika auszuwandern — von dieser relativ großen Puppenküche trennen mußte. Drei Generationen von Frauen standen um sie herum und weinten schließlich beim Abschied vom Lieblingsspielzeug ihrer Kindheit. Dieser Geschichte halber hat Frau K. die Küche schon von klein auf besonders in Ehren gehalten. Sie richtete sie später zu jedem Weihnachtsfest für ihre Tochter und schließlich für ihr Enkelchen ein.

Puppenküche mit Häkelspitzen, 2. Hälfte
19. Jahrhundert
Amateurfotografie 1932 (rechts),
1962 (oben)
(Besitz: M. Kiunke, Buchschlag)

Das Kochen war — verständlicherweise — mehr als andere hauswirtschaftliche Tätigkeiten ein besonderes Vergnügen für Mädchen und Buben. Letztere hatten allerdings in diesem Machtbereich der kleinen Hausfrauen nur geduldete Funktionen. So sagt die Schriftstellerin Marie Nathusius (geb. 1817) von einem kleinen Freund namens Alexander: Er *ging oft mit, er wurde sehr gern gesehen, weil er schön mit uns spielen konnte, er stieß den Zucker, rieb die Schokolade, und war bei allem behilflich.*[1] Und der schriftstellernde Ägyptologe Georg Ebers (geb. 1837) erinnert sich an die Rolle des Helfers beim gemeinsamen Kochen mit den Mädchen: Es machte uns *Freude, wenn die Schwestern uns gestatteten, mit weißen Schürzen und Mützen die Küchenjungen und Aufwärter zu spielen.*[2]

Im übrigen soll den Buben am meisten das Essen der mehr oder weniger gelungenen Speisen gefallen haben. Berta D. (geb. 1908): *Ich hatte eine Bauernpuppenküche, blau gestrichen, unter dem Tisch eine Hühnersteige mit zwei Hühnern und mit vielen Schüsseln und irdenen Töpfen und Krügen in den Hängeregalen. Gekocht wurde, indem wir auf einem kleinen Reibeisen Plätzchen und Schokolade rieben und dann mit Milch mischten. Die Brüder aßen alles auf. Oder wir manschten etwas zusammen für ihre Menagerie. Das war ein großer Käfig, abgeteilt mit Gittern für 9 wilde Tiere, die ja auch Futter brauchten.*

Für Ludwig Ganghofer (geb. 1855), der ein kleines mit Vorliebe kochendes Mädchen liebte, war es andererseits ein Opfer, die zubereiteten Speisen zu essen: *Ich fand das Elsbethle . . . auf dem Dachboden, wo das Kind in Erwartung meines Besuches schon all sein winziges Kochgeschirr aus den Weihnachtsschachteln herausgekramt hatte. Ich kochte nicht gern — das war ja »Mädelsarwet« — aber dem Elsbethle tat ich alles zuliebe, auch was mir zuwider war. Und was die kleine stille Köchin fertig brachte, verschluckte ich ohne Widerrede. Doch froh war ich immer, wenn die Kocherei ein Ende hatte, und wenn wir uns an das Dachfenster setzten oder in einen dämmrigen Winkel unter dem wirren Gebälk.*[3]

Nun, es war eine Frage der Zutaten, eine Sache der Begabung und außerdem eine Altersfrage, was kleine Mädchen auf den Tisch brachten. Die ganz kleinen kochten von jeher Ungenießbares. Marie Leske, eine Jugendbuchautorin des 19. Jahrhunderts, sah im *Spielbuch für kleine Mädchen* (1865) in der aus Wasser und schwarzer Gartenerde bereiteten Schokoladensuppe und dem Kaffeegebäck aus Sand die *Vorstudien zur Kochkunst*. Mädchen von 6 bis 8 Jahren durften ihrer Meinung nach auch *an wirklich eßbaren Dingen ihre Kunst probieren*, aber nur *kalt kochen*. Einen tatsächlich heizbaren Ofen sollten erst 10jährige unter Aufsicht benutzen und allein kochen überhaupt nur die 14jährigen. Für relativ erwachsene Mädchen waren also all die guten Ratschläge in Beschäftigungs- und Puppenkochbüchern gedacht.

Das Spiel ging nahtlos in den Ernst des Lebens über. Entsprechend endet denn auch die Einführung in *Haustöchterchens Kochschule für Spiel und Leben* (1896): *So wünsche ich Dir, mein Kind, zu all Deinen Unternehmungen nach alten und neuen Rezepten ein fröhliches Gelingen. Wachse nur immer, kleines Haustöcherlein, durch fröhliches Spielen ins ernste Leben hinein. Was Dir jetzt ein heiteres Spiel ist, wird Dir auch später eine liebe Thätigkeit sein, und wenn sie Dir in fernen Tagen einmal zur Pflicht wird, wird sie Dir lieb sein und Du wirst spielend erfüllen, was Du schon im Spiele geübt. Koche nur immer Deinen Püppchen leckere Speisen, bald ist's erlebt und Du kannst Deinen lieben Papa erfreuen durch seine von Dir eigenhändig und trefflich zubereiteten Lieblingsgerichte. Wenn es ihm dann schmeckt und er Dich lobt und Du Deiner lieben Mama fleißiges Hausbienchen bist, dann ist das große Haustöchterlein so seelenvergnügt wie heute am Weihnachtsabend das kleine Puppenmütterlein.*[4]

Der Haushalt war nun einmal das Wirkungsfeld, das damals noch die meisten Mädchen erwartete. Von denjenigen, die nicht das Idealziel »Hausfrau am eigenen Herd« erreichen konnten, wurden viele Dienstmädchen, Hausmagd, Haushälterin oder Köchin bei einer fremden »Herrschaft«; denn im Gegensatz zum männlichen Dienstpersonal, das zunehmend in die Industrie abgewandert war, blieben Frauen noch bis ins 20. Jahrhundert hinein vorwiegend im Haushalt tätig. Von den 1 324 924 Dienstboten, die 1880 in Deutschland im Haushalt arbeiteten, waren immerhin 96,8 % Frauen.[5]

Puppenküchen — Spiegel ihrer Zeit?

Auf den ersten Blick ist die Übereinstimmung zwischen »Groß«
und »Klein« in der Welt der Erwachsenen und der Spielwelt der
Kinder frappierend. Sie hat denn auch zu dem schlagwortartig be-
nutzten Begriff vom Spielzeug als dem »Spiegelbild der Erwachse-
nenwelt« geführt und zu dem Versuch Anlaß gegeben, vom Spielzeug Rückschlüsse auf eine vergangene Zeit zu ziehen. Das ist
unter Vorbehalten richtig.

Die Puppenküche ist jedenfalls nur zum Teil ein getreues Spiegelbild der großen Küche. Puppenküchen geben nicht *die* Küche einer bestimmten Zeit wieder, sondern *einen* Küchentyp unter vielen
und zwar den des einigermaßen wohlhabenden Bürgers; denn nur
in Familien ab einem bestimmten Lebensstandard konnten Puppenküchen angeschafft werden. Aber selbst wenn man diese bürgerliche Küche im Auge hat, die nun einmal in der Puppenküche
des 19. und 20. Jahrhunderts wiedergegeben wird, darf man keine
totale Übereinstimmung zwischen »Groß« und »Klein« erwarten.
Der Raum einer Puppenküche hat nur drei Wände, eine Schauwand und zwei Seitenwände. Die Anordnung der Möbel und des
Herdes richtet sich nicht nach dem großen Vorbild. Sie ist im Hin-
blick auf die Ästhetik der Schauwand und auf den bequemen Zugriff des Kindes von der offenen Seite her getroffen. Die Tendenz,
alle hübschen Sachen in der Puppenküche sichtbar und greifbar
zu machen, hat, überspitzt formuliert, zu einer Verschleppung der
barocken »Prunkküche« bis in das 20. Jahrhundert hinein geführt. Während in der Erwachsenenküche nämlich Gerät und Geschirr längst hinter geschlossenen Türen verschwunden waren,
hingen in Puppenküchen noch lange die Wände voller Backformen und Geräte, standen noch die Borde voller Teller.
Die Wirklichkeitstreue der kleinen Geräte trifft außerdem oft nur
auf das Erscheinungsbild zu, das heißt, teilweise sind nur einzelne
Handgriffe ausführbar, während die eigentliche Funktion ent-

15

Puppenküche 1898
Aus einem Inserat des Versand-Geschäftes
Mey & Edlich, Leipzig-Plagwitz

fällt. So läßt sich beispielsweise die Kurbel der Brotschneidemaschine zwar drehen, aber das stumpfe Messer schneidet kein Brot, die Messerputzmaschine putzt keine Messer und die meisten Kaffeeröster rösten keinen Kaffee, weil die Bohnen gar nicht durch die winzige Öffnung passen. Überhaupt sind viele Geräte und Geschirre zu klein für »echte« Funktionen. Nicht von ungefähr gab es — und gibt es — zusätzlich zur Puppenkücheneinrichtung große Kochherde, Geräte und Geschirre, mit denen das »richtige« Kochen außerhalb der Puppenküche praktiziert wurde. Das Kochen in der Puppenküche selbst bestand häufig nur in sogenanntem Kaltkochen von Haferflocken, Zucker und Kakao, die das Kind gründlich vermischte und eventuell noch mit Milch anrührte. Dabei lernte ein Mädchen freilich so wenig kochen und wirtschaften wie ein Bub Autofahren lernte, wenn er ein Blechauto durchs Zimmer schob.

Aber es ging wohl neben dem »wirklichen Kochen lernen« der größeren Mädchen vor allem um die Einstimmung auf die spätere Rolle, um die spielerische Beschäftigung mit Haushaltsgeräten

Erwachsenenküche, um 1900

und -maschinchen und um das allgemeine Vertrautwerden mit Küche und Haushalt. Und dazu genügt das »als-ob-Spiel« vollauf; es genügt auch die Ähnlichkeit mit Mutters Küche und die war allemal vorhanden. Alle Einschränkungen, die gemacht werden müssen, schmälern nämlich nicht die vielen tatsächlichen Übereinstimmungen zwischen »Groß« und »Klein«. So gleichen zum Beispiel die einzelnen Möbel der Puppenküche auf eine erstaunliche Weise den großen. Und wie man nicht funktionierende Geräte ausfindig machen kann, so lassen sich auch ebenso viele funktionstüchtige beschreiben. Die Mädchen konnten nämlich sowohl mit einfachen Geräten wie Schneebesen, Pressen und Mörsern arbeiten, wie auch mit komplizierten Bröselmaschinen, Kaffeemühlen und Buttermaschinen. Ja, kleine Petroleumlampen brannten wirklich und mit manchen kleinen Wecktöpfen und -gläsern ließ sich tatsächlich einwecken.

Zum Verständnis der funktionellen und stilistischen Wandlungen der Puppenküche als einer idealtypischen Verkleinerung der Küche sind Kenntnisse über die historische Entwicklung der wirtschaftlichen und technischen Bedingungen in der Küche der Erwachsenen jedenfalls Voraussetzung.

Offenes Feuer auf einem gemauerten Herd
unterm Rauchfang.
Kupferstich 1854

Die Küche mit offenem Feuer

Gemauerter Herd mit Gewölbe fürs Brennholz. Bratenwender und Dreifüße. Ausschnitt aus einem Bilderbogen »Haus- und Küchen-Geräthschaften«, Lithografie Anfang 19. Jahrhundert
(Historisches Museum, Frankfurt/M)

Die Küche als isolierten vom übrigen Wohnen abgetrennten Wirtschaftsraum gibt es in Europa erst seit einigen Jahrhunderten. Bis in die Mitte des 16. Jahrhunderts hinein — und im bäuerlichen Bereich noch viel länger — spielte sich in einem einzigen zentralen Raum das Leben der großen Haushaltsfamilie ab, die nicht so sehr durch verwandtschaftliche Bindungen als vielmehr durch gemeinsame Arbeit und gemeinsame Verwaltung der erwirtschafteten Güter zusammengehalten wurde.[6] Das Zentrum dieses Raumes war der Herd mit dem offenen Feuer, von dem Licht und Wärme ausging, auf dem gekocht und gebraten wurde.

Auch als man im 17. und 18. Jahrhundert verschiedentlich Stube und Kammer abzutrennen begann, blieb der Raum mit dem Herd noch lange zentrale Wohn- und Produktionsstätte. Hier wurden auch die dem Essenkochen vorausgehenden Tätigkeiten ausgeführt, die sich später in einzelne spezialisierte Betriebe außer Hauses verlagerten: die Bereitung von Butter und Käse, das Mästen von Gänsen, das Halten von Geflügel, das Schlachten von Kleinvieh, das Backen von Brot. Charakteristisch für die alte Küche war das offene Feuer. Im niederdeutschen Sprachbereich lag der sehr niedrige Herd in der Mitte des Raumes, ein Schutzdach, Sticksack, Hurd oder Rähmen genannt, schützte vor Funkenflug, hatte jedoch noch keinen Kamin. Der Rauch durchzog den Dachstuhl, durchtränkte ihn mit Teer, bevor er ins Freie abzog.[7]

Daneben war im städtischen Bereich Norddeutschlands auch der sogenannte Schwibbogenkamin anzutreffen, der englische und holländische Einflüsse zeigt und durch geschlossene Seiten und Wandständigkeit charakterisiert ist.

Auch in Süddeutschland — Herkunft der meisten Puppenküchen — wurde der Herd schon relativ früh an eine Wand gebaut, weil man mit einem an der Gegenseite aufgestellten vom Herdraum aus beheizten Ofen die Stube wärmte.

Auf dem aufgemauerten Herd wurde — bis ins 19. Jahrhundert hinein — das offene Feuer entfacht. Im alten »Feuerrahmen«, beziehungsweise im großen Rauchfang mit Abzug, war an einer Querstange der gezahnte Kesselhaken befestigt, an dem der Kessel im offenen Feuer hing. Für kleinere Töpfe und Pfannen gab es Dreifuß und Pfannenknecht, die den nötigen Abstand zum Feuer bzw. zur Glut gewährleisteten. Auch kleine dreibeinige Töpfe aus Ton und Eisen standen zur Verfügung, sowie allerlei Bratspieße und Glutpfännchen.

Die damalige Küche war rauchig und hatte dunkle Wände, weil sich der Ruß des offenen Feuers überall niederschlug. Der Boden bestand aus gestampftem Lehm oder war mit großen Steinplatten, je nach Gegend auch mit quadratischen Fliesen ausgelegt. Zur Beleuchtung dienten Kienspan, Öllämpchen, Kerze und Wachsstock. Das Wasser wurde vom Brunnen geholt. Manche Küchen hatten auch eine eigene Pumpe, wie beispielsweise das Goethehaus in Frankfurt.

Die Küchengeräte standen in offenen Regalen, das Geschirr auf Tellerborden. Verschließbare Schränke — soweit vorhanden — dienten zur Verwahrung von Vorräten. In kleinen Ställen war lebendes Federvieh bis zum Schlachttag untergebracht.

Farbtafel
»Nürnberger Puppenküche«, um 1800
Gehäuse (Höhe 39,5, Breite 73 bzw. 52,5
Tiefe 38 cm): Holz bemalt. Möbel: feste
Einbauten. Herd: Für »offenes Feuer« mit
Rauchfang. Geschirr: Kupfer, Zinn, Holz.
Besonderes Zubehör: Messinggeräte aus
dem 18. Jahrhundert, (Einige spätere
Zutaten)
(Historisches Museum, Frankfurt/M)

»Haus- und Küchen-Geräthschaften«. Ausschnitt aus einem Bilderbogen, Lithografie
Anfang 19. Jahrhundert
(Historisches Museum, Frankfurt/M)

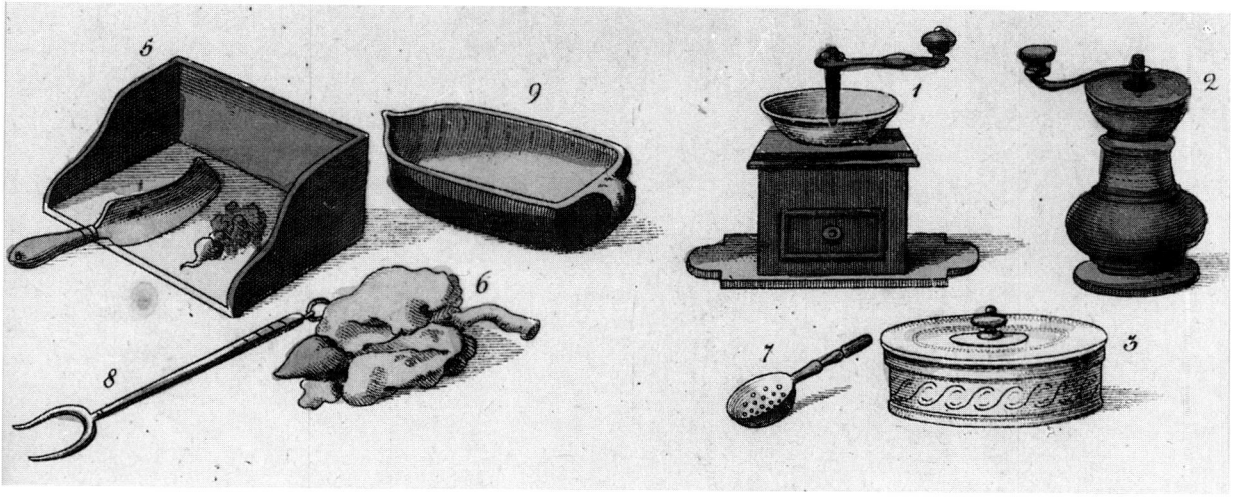

»Offenes Feuer« in der Puppenküche

Die Puppenküche wurde schon im 18. Jahrhundert vereinzelt aus dem komplexen Puppenhaus herausgelöst. Die ältesten Einzelpuppenküchen dieser Zeit zeigen noch den typischen Aufwand der barocken Prunkpuppenhäuser, jener Prestigeobjekte von Erwachsenen, die nur am Rande zur Belehrung von Kindern dienten.[8] Erst Ende des 18. Jahrhunderts hat die Puppenküche als Spielzeug für Kinder eine nennenswerte Verbreitung in bürgerlichen Kreisen gefunden. Das war keineswegs zufällig, denn die ökonomischen und strukturellen Umwälzungen vom 16. bis 18. Jahrhundert, die eine Entwicklung der großen Haushaltsfamilie zur Kleinfamilie im Gefolge gehabt hatten, brachten auch eine neue Vorstellung vom Menschen mit sich. Der Mensch, — und im Gefolge auch der »kleine Mensch«, das Kind — wurde nun als Individuum gesehen. Ein neues Verständnis für Kindheit, die vorher nicht als eigener Lebensabschnitt betrachtet worden war, bildete

Puppenküche, 1803
(Hieronimus Bestelmeier Nr. 1012, Nürnberg)

Kinderherd für »offenes Feuer« mit Rauchfang. D. Chodowiecki, 2. Hälfte 18. Jahrhundert

Puppenküche, 1803
(Hieronimus Bestelmeier Nr. 400, Nürnberg)

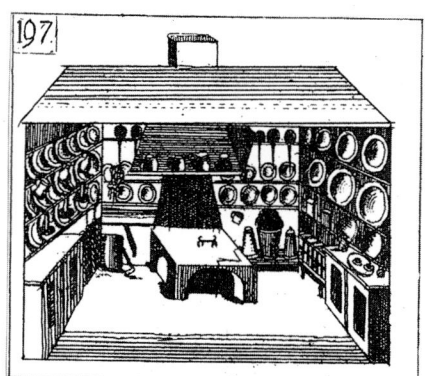

Puppenküche, 1803
(Hieronimus Bestelmeier Nr.197, Nürnberg)

sich heraus und zog unter anderem auch neue pädagogische Ideen nach sich. In diesem Zusammenhang wurden Spielzeuge über Belustigung und Beschäftigung hinausgehend vor allem auch als Erziehungsmittel eingesetzt.

Das berühmteste Beispiel dafür ist der Spielwarenkatalog des Nürnberger *Galanteriewarenhändlers Georg Hieronimus Bestelmeier.* Darin werden in der Ausgabe von 1803 neben *anderen nützlichen Sachen zur lehrreichen und angenehmen Unterhaltung der Jugend* sehr anschaulich Puppenküchen in drei unterschiedlichen Ausführungen dokumentiert:

No. 400. Eine Spiel-Küche mit Einrichtung, wo bey das Geschirr von Zinn und Porzelain. Die Küche ist 14 Zoll lang, 9 Zoll breit und 9 Zoll hoch, schön lakiert 3 fl. 48 kr. Kiste dazu 24 kr. (II. Stück, 8. Platte)

No. 197. Eine neue Art Spielküche, sie ist viel natürlicher als die bisher gewöhnlichen, indem sie ein Dach mit einem Rauchfang eine große Thür und 2 Glasfenster hat. Inwendig ist sie sehr artig eingerichtet, man kann die ganze vordere Wand aufschieben, von außen ist sie schön lakirt, kostet 4 fl. 30 kr. die Kiste 36 kr. Es sind auch ganz große zu 6 bis 8 fl. zu haben. Wann man das Geschirr haben will, so muß es besonders gezahlt werden. (III. Stück, 3. Platte)

No. 1012. Eine Spielküche, darinnen laufendes Wasser, nebst einer Köchin, wie sie in Nürnberg von Markte kommen; der Wasserkasten ist äusserlich angebracht, und lauft inwendig in der Küche vermittelst eines mößingen Hahnes, so auf und zugeschraubt werden kann, in einen Trog hinein. Kindern macht dies sehr viele Freude, auch ist die Küche mit Zinn ec. eingerichtet, 18 Zoll lang, und 12 Zoll breit und hoch, kostet 8 fl. Wenn solche einzeln verlangt wird, kostet die Kiste dazu 48 kr. (VIII. Stück, 1. Platte)

Bei diesen *Nürnberger Puppenküchen* laufen die Seitenwände meistens nach hinten zusammen, so daß die Küche für das spielende Kind schön übersichtlich und überall gut zugänglich war. Typischerweise stand zentral an der Rückwand der Herd. Die gewölbte Öffnung unter der Platte diente zur Aufnahme des Feuerholzes. Auf der Platte hatte man sich das »offene Feuer« zu denken. Die

Rückwand unter dem großen Rauchmantel ist dementsprechend schwarz, manchmal sogar mit züngelnden Flammen bemalt.

Der schachbrettartig bemalte Boden imitiert Steinfliesen. Die Seitenwände — mit durchgehenden mehrreihigen Tellerboden — sind an den Oberkanten meist mit hölzernen Stiften für umgestülpte Töpfe und Krüge ausgestattet. Geflügelställchen und ein oder zwei verschließbare Schränkchen gehören häufig zu den festen Einbauten. Es finden sich neben dieser Hauptform vielerlei Varianten. So besitzt beispielsweise das Spielzeugmuseum Nürn-

Puppenküche mit separater Geschirrkammer, um 1800
Wohl Augsburg. Gehäuse (Höhe [mit Schornstein] 65, Breite 87, Tiefe 58 cm); Geschirrkammer: (Höhe 48, Breite 50, Tiefe 51 cm): Holz bemalt, Rauchfang, Borde festeingebaut, Wasserbank, Herd für »offenes Feuer«; an der Rückwand unter dem Rauchfang züngelnde Flammen. Geschirr: Kupfer, Messing, Zinn. Besonderes Zubehör: Feuerstülpe zum Bedecken der Glut (vor dem Herd auf dem Boden). Puppe um 1830
(Puppenmuseum Wilhelmsbad, Hanau)

Kleine Holzpuppenküche
(Nürnberger Musterbücher 1850/60, S. 37)

berg eine entsprechende Übereckform und Bestelmeier bietet unter der No. 197 eine Küche als Haus mit Schiebewand und Glasfenstern an.

Diese *Nürnberger Puppenküchen* sind vermutlich in größeren Auflagen hergestellt worden. Die übrigen Puppenküchen dieser Zeit waren aber meistens noch Einzelanfertigungen von Handwerkern wie in den Jahrzehnten davor. Museumsstücke aus ortsansässigen Familien kann man meistens eindeutig zuweisen. So kann zum Beispiel das Maximilianmuseum in Augsburg viele seiner herrlichen Puppenküchen als *Augsburger Küche* benennen, während im allgemeinen die häufigste Bezeichnung auch in Museen schlicht *süddeutsch* lautet.

Der Inhalt der Küchen ist, wenn man an das irdene Geschirr denkt, auch regional bestimmt. Entscheidender als der Ort ist jedoch die Zeit, aus welcher er stammt. In den ersten Jahrzehnten des 19. Jahrhunderts überwogen noch die für das 18. Jahrhundert

Kleine Blechpuppenküche
(Nürnberger Musterbücher 1850/60, S. 39)

typischen Materialien, Messing und Kupfer und natürlich Holz. Bestelmeier, Nürnberg, bietet 1803 unter der Nr. 400 außer Zinn auch schon Porzellan für die Puppenküche an.

Ein Gedicht in dem Kinderbuch von J. P. Wich: *Steckenpferd und Puppe*, das 1847 in Nördlingen erschienen ist, zählt auf,

> *Was in einer Dockenküche sein muß:*
> *Wannen, Butten, Gelten, Schäffer,*
> *Büchsen zu dem Salz und Pfeffer,*
> *Messer, Gablen, Löffel, Pfannen,*
> *Töpfe, Flaschen, Krüge, Kannen,*
> *Holz und Kohlen, Feuereisen,*
> *Schwefelfaden, Zunder, Schleisen,*
> *Mörser, Öl- und Essigständer,*
> *Bratspieß, Rost und Bratenwender,*
> *Blasbalg, Dreifuß, Stürzen, Seiher,*
> *Mehl, Fleisch, Butter, Schmalz und Eier,*
> *Teller, Schüsseln, groß und klein,*
> *müssen in der Küche sein.*

Zu den Wannen, Butten, Gelten, Schäffern für das Wasser kamen in Nürnberg noch zwei typische Wasserkannen, mit denen das Wasser vom Brunnen zur Küche »geschleift« wurde, dementsprechend sind auch in vielen Puppenküchen des Nürnberger Typs solche »Schleifkannen« zu finden.

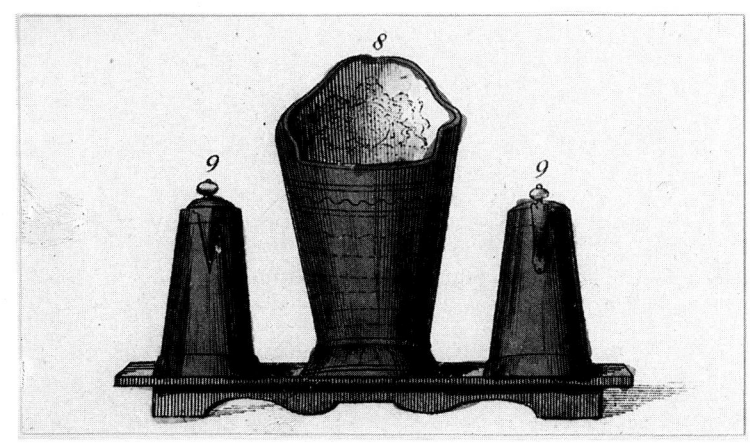

Wasser-Standgefäß mit 2 »Schleifkannen«. Ausschnitt aus einem Bilderbogen, Lithographie, Anfang 19. Jahrhundert (Historisches Museum, Frankfurt/M)

Inneres einer Frankfurter Küche, um 1850
Lithographie
(Historisches Museum, Frankfurt/M)

Die Küche um die Mitte des 19. Jahrhunderts

In der ersten Hälfte des 19. Jahrhunderts ist in den meisten Küchen noch alles beim alten geblieben. Zwar hatten sich die Großhaushalte, in denen Familie, Mitarbeiter und Dienstboten sich alle unter einem Dach vereinten, weiter reduziert und waren nur noch im Handwerker- und Bauernmilieu anzutreffen, auch hatte sich die Produktion vieler Lebensmittel außer Hauses verlagert, aber noch immer sorgten bürgerliche Familien wenigstens für einen Teil ihres Bedarfs selbst. Das Geflügelställchen mit lebendem Fleischvorrat und der Hackklotz, auf dem Kleinvieh geschlachtet wurde, Butterfässer, Kraut- und Gurkentöpfe sprechen dafür. Lichtquellen waren noch immer die einfache Öllampe und die Kerze. Wasserleitungen gab es noch nicht. Nach wie vor wurde Wasser vom öffentlichen Brunnen geholt, wenn nicht ein eigener Pumpbrunnen im Hause war. Wenn man von ausgefallenen Geräten, wie uhrwerkbetriebenen Bratenwendern absieht, waren die Küchengeräte noch handbetrieben. Zerkleinert wurde beispielsweise mit Wiegemesser, Reibeisen, Hobel und Mörser. Wie sehr eine Küchenausstattung dieser Zeit den älteren gleicht, offenbart sich in einer Auflistung, die der Mundkoch und königliche Haushofmeister Maximilians II. von Bayern, J. Rottenhöfer in seinem 1858 in München erschienenen Kochbuch *Die gute bürgerliche Küche in allen ihren Theilen* im Vorwort einflicht:

Es wird nicht zweckwidrig sein, wenn ich hier eine bürgerliche Kücheneinrichtung bezeichne:

6 irdene Fleischtöpfe von verschiedener Größe - 6 ditto tiefe casserollartige Tiegel und 6 ditto flache für Mehlspeisen von verschiedener Größe - 2 ditto Bratpfannen (Reineln) - 1 Schneekessel von Kupfer oder Messingblech - 1 Schlagbesen von Eisendraht - 1 ditto von Holzreisig zum Rahmschnee - 1 Mörser von Messing mit Stößer - 2 Backpfannen und 2 Omelette-Pfannen von Eisen - 2 Butter-

29

laibl-Formen von Kupfer - 2 cremes-Formen, 2 Gelées-Formen, 2
Auflauf-Formen von Kupfer oder Blech - 1 Strauben - 1 Nockerl-
spritze von weißem Blech - 1 Fischgeschirr - 1 kleiner, 1 großer
Schaumlöffel - 2 Schöpflöffel - 2 Anrichtlöffel - 1 runde Auste-
cher-Büchse mit 12 Stück - 1 ditto lange - 12 Stück kleine gerippte
Bisquit-Formchen - 1 Zuckerstreubüchse - 1 Waage mit mehreren
Gewichten - 1 Reibeisen - 1 Trichter - 3 Stück Messingpfannen - 2
Tortenbleche - 12 Stück einzelne weißblecherne Ausstecher für
Garnituren - 2 Puddings-Formen - 1 Anisbrod-Form (langes ecki-
ges Blech) - 1 Salzfaß, 1 Mehlbüchse von Holz - 1 Nudelbrett - 1
Rollholz - 1 Hackstöckchen - 2 Wiegbrettchen - 1 Wiegmesser - 1
Speckmesser - 2 Küchenmesser - 1 Hackmesser - 12 Spicknadeln -1
Dressirnadel - 1 Seiher - 1 Chocolade-Maschine zum Kochen der
Chocolade mit hölzernem Strudel (Quirl) - 2 Kaffee-Maschinen
- 12 Stück Kochlöffel - 1 Spatzenlöffel von Blech - 1 Ochsengurgel-
Form - 1 Wasserschaff und 2 Wasser-Eimer von Kupfer und innen
verzinnt - einige blecherne Eßlöffel - 1 Tranchirgabel - 1 Küchen-
lampe - 1 zinnerne Gefrierbüchse mit hölzerner Spachtel - 1 höl-
zerner Kübel dazu - 1 Zuckersieb - 1 Mehlsieb - 2 Suppensiebe - 1

Herd aus der Erwachsenenküche, um 1900

Farcesieb - 1 Kohlenschaufel - 1 Feuerzange - 1 messingnes Krapfenrädchen - 1 Krauthobel - 1 Gurkenhobel -[9]

So althergebracht Küchenausstattungen dieser Zeit waren, so konnten doch in einem ganz wesentlichen Punkt Arbeiten und Leben in der Küche verbessert werden: Wenn nämlich ein geschlossener Herd angeschafft wurde. Solche Herde waren schon im ausgehenden 18. Jahrhundert als »Sparherde« entwickelt worden, aber nach der jahrhundertelangen Gewöhnung an offenes Feuer erfolgte die Umstellung nur langsam. So blieb trotz Ruß und Hausrauch, der einem mittelalterlichen Sprichwort zufolge zu den drei schlimmsten Plagen des häuslichen Lebens zählte (die beiden anderen Plagen waren ein undichtes Dach und eine böse Frau), vielerorts das offene Feuer noch bis in die Mitte des Jahrhunderts hinein selbst in den Städten üblich.

In ländlichen Gegenden wurde noch im 20. Jahrhundert, im westlichen Niedersachsen vereinzelt sogar noch nach dem zweiten Weltkrieg am offenen Feuer gekocht![10]

Die Unterschiede in der allgemeinen Lebensführung waren früher erheblich. Sie hingen ab von landschaftlichen Eigenheiten, vom Reich/Arm- und vom Stadt/Land-Gefälle, zudem auch von konservativer oder fortschrittlicher Einstellung der Bevölkerung. Alle Neuerungen — auch im Bereich der Hauswirtschaft liefen zunächst lange neben alten Formen her. Setzten sie sich schließlich durch, so waren sie bereits von etwas noch Modernerem überholt. Die Kochstelle war in der Mitte des 19. Jahrhunderts dementsprechend bei den einen noch offener Feuerplatz auf dem Boden, bei den anderen auf einem kleinen erhöht gemauerten Herd; während moderne Leute unterdessen schon auf einem Herd mit Eisenplatte, evtl. mit zusätzlich hochgemauertem Backherd, oder bereits auf einem der transportablen Eisenherde, der sogenannten »*Kochmaschine*, kochten.

Die gemauerten Kachelherde erfreuten sich lange großer Beliebtheit, besonders in Süddeutschland und der Schweiz. Sie wurden den *Frauen, Töchtern und Köchinnen* auch in dem genannten Kochbuch Rottenhöfers empfohlen: *Die besten, reinlichsten und für jede Haushaltung zweckmäßigsten Kochöfen sind unstreitig die von dem Hafner aus weiß glasierten Kacheln aufgesetzten*

Kochherde, worüber eine eiserne Platte liegt, welche oben runde Öffnungen hat, in welche mehrere eiserne Ringe eingepaßt sind. Ebenso muß in diesem Kochherde ein Wasserbehälter (Wassergrand), wie auch ein Bratrohr eingemauert sich befinden, welche ebenfalls mit derselben Feuerung geheizt werden.

Blechpuppenküche mit Hühnerställchen, um 1850
(Musterbuch G. Striebel, Stadtarchiv, Biberach a. d. Riß)

Die Puppenküche um die Mitte des 19. Jahrhunderts

Im Laufe der ersten Jahrzehnte des 19. Jahrhunderts kamen immer mehr einfache kleine Puppenküchen auf den Markt, die nur sparsam mit Möbeln und nur mit wenigen Tellerchen, Töpfchen und Krügen ausgestattet waren. Sie entsprachen damit der bescheidenen Einstellung der Zeit, ihre Einfachheit war aber auch bedingt durch die nunmehr ausgedehnte Verbreitung in kleinbürgerlichem Milieu. Die schweren Zinngefäße und -teller, die Kupfertöpfe und -kännchen wichen allmählich dem billigeren, mitunter im Kupferton bemalten Blech. Vermehrt gab es irdene Ware in diesen kleinen Küchen oder Geschirre, die aus Holz gedrechselt und so sorgfältig und täuschend bemalt waren, daß man sie für Fayence oder Porzellan halten könnte, wenn man sie nur von Abbildungen aus alten Musterbüchern kennt.

Die Gehäuse dieser einfachen kleinen Küchen gleichen meistens

Puppenküche in Hausform
Oskar Pletsch, um 1850

33

noch ganz den alten Puppenküchen des Nürnberger Typs mit offenem Feuerherd unter dem großen Rauchfang; jedenfalls sind sie in Musterbüchern und Kinderbüchern um die Jahrhundertmitte meistens noch in dieser Art abgebildet.

Aber langsam zunehmend sind um diese Zeit auch in den Puppenküchen kleine eiserne Herdchen, die »Kochmaschinen« anzutreffen. Sie sind damals entsprechend den aufgemauerten Kachelherden in der großen Küche oft mit Kachelmuster bemalt. Der für das offene Feuer charakteristische Rauchfang wurde damals — wie in der Erwachsenenküche — so auch in der Puppenküche über dem

Puppengeschirr, Holz gedrechselt, bemalt, 1850/60
(Nürnberger Musterbücher, S. 67)

Farbtafel
Speisegeschirr, um 1850
Holz, gedrechselt, bemalt. Höhe der Terrine 3,2 cm

Eisenherd beibehalten. Hier, wie beim großen Vorbild, ragte das Ofenrohr in den Rauchfang hinein.

Nicht selten wurde damals der kleine hölzerne Herd für »offenes Feuer« aus der Puppenküche genommen und durch einen modernen Blechherd ersetzt. Ein charakteristisches Beispiel für den Übergang vom »offenen Feuer« zum geschlossenen Herd in der Puppenküche ist auf dem Titelblatt des Puppenkochbuchs von Julie Bimbach *Kochbüchlein für die Puppenküche* zu sehen, das zuerst 1854 in Nürnberg erschienen ist: Vor einer Puppenküche des Nürnberger Typs mit der kleinen »gemauerten« Herdstelle für »offenes Feuer« steht auf einem Schemel ein größerer Blechherd mit Ofenrohr.

»Richtiges« Kochen auf dem Puppenherd wurde erst auf solch einem geschlossenen Herd möglich, denn auf den kleinen Holzherden, deren Mauersteine nur aufgemalt waren, hatte natürlich kein Feuer entfacht, sondern nur »kalt gekocht« werden können. Es gab damals Eisenherde, die richtig mit Holz geschürt und solche, die mit Spiritus betrieben wurden. Marie Leske schreibt 1865 in ihrem weit verbreiteten Beschäftigungsbuch *Illustriertes Spielbuch für Mädchen: Erst wenn ein Jüngferchen wenigstens zehn Jahre alt ist, darf es auf einem wirklich heizbaren kleinen Herde kochen und auch dann nur unter Aufsicht der Mama oder einer erwachsenen Schwester — denn »Feuer ist ein gar gefährliches Ding, vor dem man sich nicht genug hüten kann«.*

Ein sehr geschicktes Mädchen von 14 Jahren darf mit mütterlicher Erlaubniß allenfalls sein Kochkunststück allein probieren, aber nicht auf der Spiritusflamme. Vor dieser ist nicht genug zu warnen, da sie am allerleichtesten um sich greift.[11]

Die Freude am Kochen erhielt einen besonderen Akzent, wenn die Geräte nicht winzig waren, sondern der eigenen Größe entsprachen. Adelige Mädchen genossen damals mitunter solche Privilegien. *Eine Küche, in die man hineingehen kann und in der Herde und Pfannen im Verhältnis zur eigenen Größe sind, ist ein unbeschreibliches Entzücken* schreibt Carmen Sylva, (Elisabeth, Königin von Rumänien, geb. 1843)[12] und die Fürstin Marie zu Erbach-Schönberg (geb. 1852) schildert eine besondere Überraschung zu ihrem 10. Geburtstag: *Als ich (zum Mooshäuschen kam), ent-*

Blechküche, um 1870
(Original im Münchner Stadtmuseum)

»Nürnberger Puppenküche« unterm Weihnachtsbaum, um 1860
(Bildergeschichten für kleine Kinder, Eßlingen)

Blech-Puppenherd vor einer alten »Nürnberger Puppenküche« mit hölzernem Herd für »offenes Feuer«
Aus: Julie Bimbach: Kochbüchlein für die Puppenküche, Nürnberg 1854
(Foto: W. Schröder, Düsseldorf)

deckte ich ganz in der Nähe einen wunderhübschen, neuerbauten Herd. Neben demselben stand Auguste Chapius in weißem Kleide und hielt etwas Zugedecktes in den Händen. Sie gratulierte mir

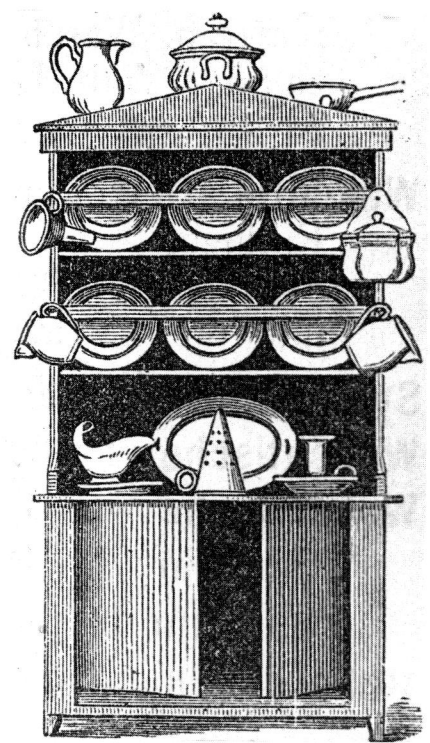

und bat mich, die Serviette abzunehmen. Da lagen auf einem hölzernen Brett winzige Koteletts und Bratwürste, gerade fertig zum Kochen! Dann gingen wir in das Häuschen. Dies war so eingerichtet worden wie eine Bauernstube, und mit einem Schrank, der alles enthält, was zu einem Hausstand nötig ist.[13]

Auch den Mädchen aus »besseren« bürgerlichen Kreisen (an diese dürfte das *Illustrirte Spielbuch für Mädchen* wohl gerichtet gewesen sein) empfiehlt Marie Leske einen großen Herd. Sie rät ihnen, auf dem Weihnachtswunschzettel zu notieren:

1. Einen hübschen Herd aus Gußeisen, etwa den sechsten Theil so groß als euer Kochherd; kurz, gerade für deine Größe passend und im Uebrigen ganz so eingerichtet, wie der in der Küche.

2. Alles dazu gehörige Geschirr, wie Fleisch-, Suppen- und Gemüsetöpfe, Wasserkessel, Kaffebrenner, Pfannen, Schüsseln und Saucièren, Löffel aller Art, Torten- und Pudding- und Auflaufformen, Backbleche, Siebe, Kartoffelstampfer u. s. w.

3. Ein wohlgefülltes Speiseschränkchen und

4. einen hinreichend großen Stoß fein gespaltenes Holz.[14]

Farbtafel
Küchenmöbel mit Speisen, um 1860
Möbel: Holz bemalt. Speisen auf Pappetellern aus Tragant und Masse. Höhe des Schrankes 35 cm
(Historisches Museum, Frankfurt/M)

Herd für »geschlossenes Feuer«, 1. Hälfte 19. Jahrhundert
Blech mit Messingofentüren, handgearbeitet; Bronzetöpfe, Nürnberg. Höhe 15 cm
(Münchner Stadtmuseum)

»Die städtische Küche« letztes Drittel
19. Jahrhundert
(Aus: Anschauungs-Unterricht für die
Jugend, Eßlingen, o. J.)

Die Küche zwischen 1860 und 1900

Neuentdeckte, bzw. -angewandte Energiequellen brachten den bürgerlichen Hausfrauen und den Dienstboten in der zweiten Hälfte des 19. Jahrhunderts große Erleichterungen. Das Gas beispielsweise, das in Deutschland erstmals 1816 zur Beleuchtung eines Industriebetriebes eingesetzt worden war, wurde nun zunehmend zur Beleuchtung der Großstadtstraßen verwendet. Über das dadurch geschaffene Leitungsnetz konnte es mehr und mehr auch Fabriken, Wirtschaften und schließlich den privaten Haushalten zugeführt werden. 1868 verfügten 530 deutsche Städte über Gas. Das wichtigste Beleuchtungsmittel dieser Zeit (nicht vor 1860) war jedoch das Petroleum, in kleineren Städten und auf dem Land hat es damals die »Ölfunzel« und die Kerze als alltägliche Lichtquelle abgelöst.

Zum Kochen waren allerdings zunächst weder Petroleum, noch der schon früher verwendete Spiritus eine Alternative für Holz und Kohle. Die kleinen Kocher waren nur Zusatzgeräte und rasche Wärmequelle für Stunden, in denen der Herd nicht geschürt war. Als Mitte der 80er Jahre schon recht perfekte zweiflammige Petroleumkochöfen angeboten wurden und sich das Gas gerade als Energiequelle im Haushalt eingebürgert hatte, begann auch schon um 1890 die Elektrizität zu konkurrieren. Freilich kochte man zunächst nur in wohlhabenden Häusern elektrisch, denn der Strom blieb lange eine teure Energiequelle.

Die bürgerliche Küche hatte also auch in den letzten Jahrzehnten des 19. Jahrhunderts meistens noch den großen aufgemauerten Kachelherd oder die transportable eiserne »Kochmaschine« bzw. den Sparherd mit Holz- und Kohlefeuerung als Mittelpunkt.

Im Einfamilienhaus war damals die Küche vorzugsweise im Souterrain untergebracht und durch Speisenaufzug und Sprachröhre mit dem darüberliegenden Speisezimmer verbunden. In der Etagenwohnung der Mietshäuser verblieb für die Küche meist ein

So sah 1904 eine »elektrische Küche« aus
(Gehren: Küche und Keller, S. 90)

Raum nach dem Norden, nach dem dunklen Innenhof oder dem Lichtschacht. Auch hier war die Küche abgetrennt von den Wohnräumen. Flure und Zwischentüren und separate Eingänge schieden damit gleichzeitig das Dienstpersonal von der Familie. Die Hausfrau des gehobenen Bürgertums befaßte sich im Haushalt nur noch mit der Beaufsichtigung, und wenn sie auch diese an eine gute Haushälterin delegieren konnte, genügte sie ganz ihren Repräsentationspflichten.

In Haushalten kleineren Zuschnitts, die nur ein Mädchen für alles hatten und sich eigentlich auch dieses nicht leisten konnten, hatten es Dienstboten besonders schlecht. Die Mädchen wechselten daher oft den Arbeitsplatz, zogen allmählich auch die Arbeit in der Fabrik — wegen der geregelten Arbeitszeit — der Arbeit im Haushalt vor. Die Unzufriedenheit wuchs auf beiden Seiten und hat wohl mit dazu beigetragen, daß moderne Haushaltsgeräte in die Küchen Eingang fanden. Denn einerseits hoffte man, damit gutes Personal zu halten, andererseits konnte man damit auf Personal leichter verzichten. Diese Entwicklung verstärkte sich gegen die Jahrhundertwende und fand in den 20er Jahren unseres Jahrhunderts so gut wie ein Ende.

Die übliche Ausstattung einer damaligen Küche: Der Fußboden war mit Mettlacher Platten, Klinkern oder mit Terrazzo gepflastert. Auch Linoleum und Holzböden kamen vor, galten jedoch als ungeeignet. Die Wände wurden häufig mit grünlicher, jedenfalls gedeckter Ölfarbe gestrichen. In einer Ecke der Küche, meist vor dem Fenster war der Spülstein, Gossenstein oder Ausguß aufgemauert. In Küchen, die schon Wasserleitungsanschluß hatten, befand sich natürlich hier auch der Wasserhahn. Der direkte Wasseranschluß war jedoch noch keineswegs selbstverständlich. Zunächst wurden ja mit Beginn der 70er Jahre nur in den Großstädten Wasserleitungen gelegt. In Mietshäusern stand oft mehreren Familien nur eine gemeinsame Zapfstelle auf einem Treppenabsatz zwischen zwei Stockwerken zur Verfügung. Kein Wunder also, daß die Wasserbank, die »nasse Bank«, auf der säuberlich zugedeckt der Eimer mit dem frischen Wasser stand, oft noch bis ins 20. Jahrhundert hinein in Gebrauch blieb.

Die Küche war mit mindestens einem Tisch mit Hartholzplatte, ei-

Küche um 1890
(Fotografie, anonym)

Küche mit Einrichtung um 1890
Gasherd links neben dem Kohleherd.
Anonyme Fotografie
(Fotoarchiv E. Maas, Frankfurt/M)

ner Anrichte, mehreren offenen Regalen, einem Küchenschrank, einigen Stühlen, davon einer zur Leiter ausklappbar, und einem Besenschrank ausgestattet. Auch ein Hackklotz, ein Löffelblech, ein Kochlöffelhalter, ein Deckelhalter und ein Putzkasten gehörten zum üblichen Inventar. Natürlich richtete sich die Qualität und Quantität nach dem Vermögen und auch nach der Personenzahl eines Haushalts. In besseren Verhältnissen kamen nun zu den Geräten, die sich auch in den Jahrzehnten davor schon in einer gut ausgestatteten Küche fanden, moderne Maschinen, welche die Arbeit erleichterten, wie Dampfkochtöpfe nach Papin und Umbach, raffinierte französische Bratspieß-Apparate, Reibe-, Schneeschlag-, Fleischhack-, Bohnenschneide-, Apfelschäl-, Brotschneide- und Messerputzmaschinen, um nur einige wenige zu nennen.

In den Jahrzehnten vor 1900 eroberten sich die Emaillegeschirre einen festen Platz, und schließlich fand gegen Ende des Jahrhunderts das Aluminiumgeschirr erste Freunde in der Küche.

Das Verschwinden des offenen Feuers hatte ganz allgemein in den Küchen eine freundlichere Atmosphäre geschaffen. Sie wurde verstärkt durch die Mode, gestickte Behänge und Überhandtücher mit ermunternden Sprüchen aufzuhängen und an die Kanten der Borde und Schrankbretter gehäkelte Spitzen zu heften.

Die Puppenküche zwischen 1860 und 1900

In der zweiten Hälfte des 19. Jahrhunderts gab es nach wie vor die kleine, meist vorn breite, nach hinten schmäler zulaufende Küche mit einem in der Mitte stehenden Herd und entweder seitlich festmontierten Hängeregalen oder die Rückwand füllenden Borden bzw. Schränken, welche an den Seitenwänden Platz für einzelne Geräte ließen.

Häufig war in dieser Zeit ein anderer Küchentyp: Ein sehr breites Gehäuse — 120 cm sind keine Seltenheit — ungefähr 45 cm hoch und 45 cm tief, manchmal auf Beinen, mitunter auch durch Türen verschließbar. Eine Puppenküche, die Raum beanspruchte und eine große Wohnung voraussetzte. Die Ausstattung war gediegen und reichlich.

In einer Stadt wie Frankfurt, mit gutsituierten Bürgerfamilien hat sich damals dieser breite Küchentyp mit geraden Seitenwänden besonderer Beliebtheit erfreut.

Farbtafel
oben: Puppenküche, 1860/70
Gehäuse (Höhe 48, Breite 120, Tiefe 55 cm): Holz bemalt, Boden ursprünglich weiß/rotes Schachbrettmuster, Rauchfang. Möbel: Holz bemalt, fest eingebaute Borde. Wasser: Wasserkasten mit Hahn, Spülstein. Herd: Schwarzblech mit Messing, für Spiritus; Weißblech-Kochtöpfe und Messingkessel. Geschirr: Steingut, Porzellan, Irdenware, Steinzeug, Blech und Kupfer. Besonderes Zubehör: Essenträger
(Historisches Museum, Frankfurt/M)

unten: Puppenküche, um 1875
Gehäuse (Höhe 41, Breite 112, Tiefe 52 cm): Holz bemalt. Möbel: Holz bemalt, fest eingebaute Borde. Wasser: Wasserkasten mit Hahn und Spülstein. Herd: Eisen, massiv; Messingdetails, Handwerkerarbeit; kobaltblaues Emaillekochgeschirr. Geschirr: Porzellan, Unterglasurblau, Strohblümchen; Holz- und Drahtwaren

Puppenküche, um 1850/60
Gehäuse (Höhe 46, Breite 91, Tiefe 41 cm): Holz bemalt, rot/weiß karierter Boden, Rauchfang. Möbel: Borde eingebaut, braun bemalt. Wasser: Reservoir mit Messinghahn und Spülstein. Herd: Schwarzblech mit Messingtüren und -füßen; Weißblech-Kochtöpfe, Messingknöpfe. Geschirr: Keramik, Steinzeug, Kupfer und Zinn. Besonderes Zubehör: Kaffeemaschine, Kaffeeröster
(Historisches Museum, Frankfurt/M)

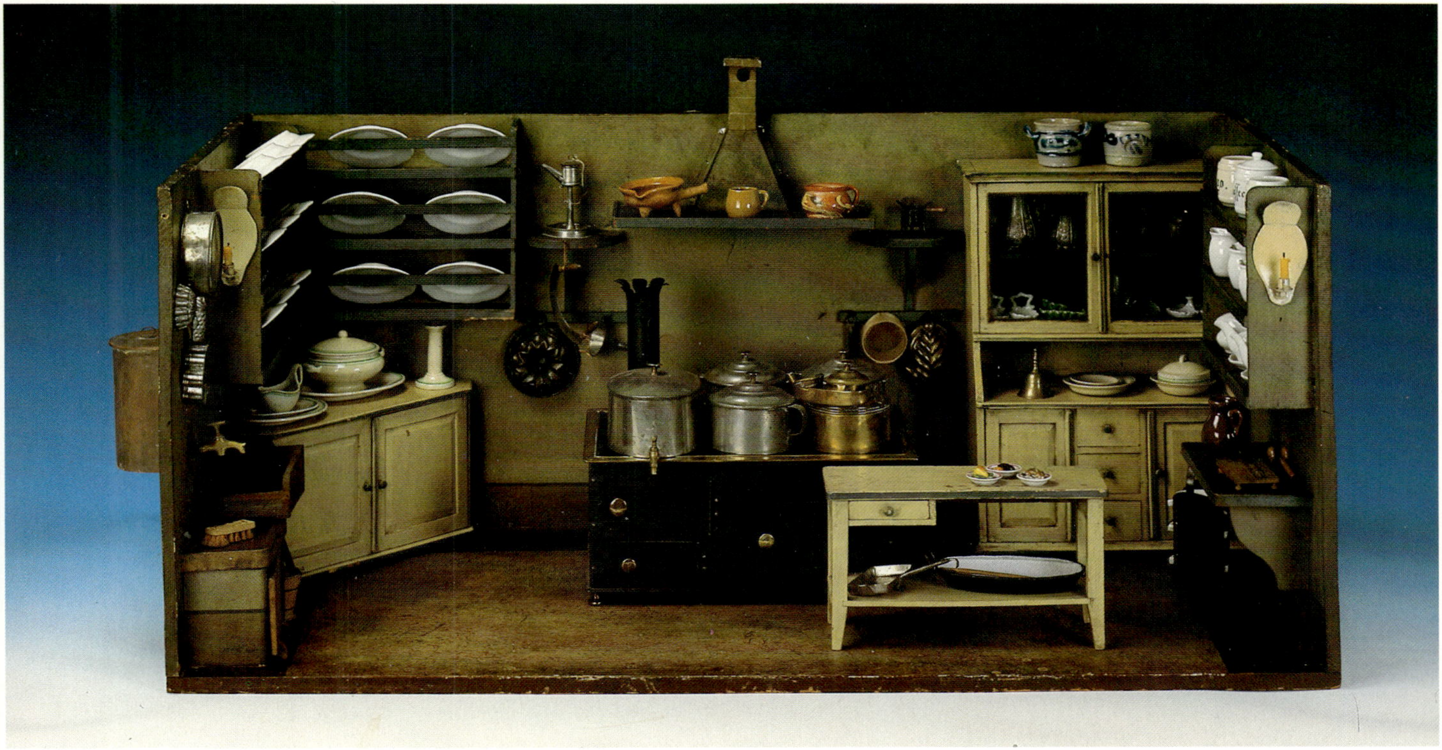

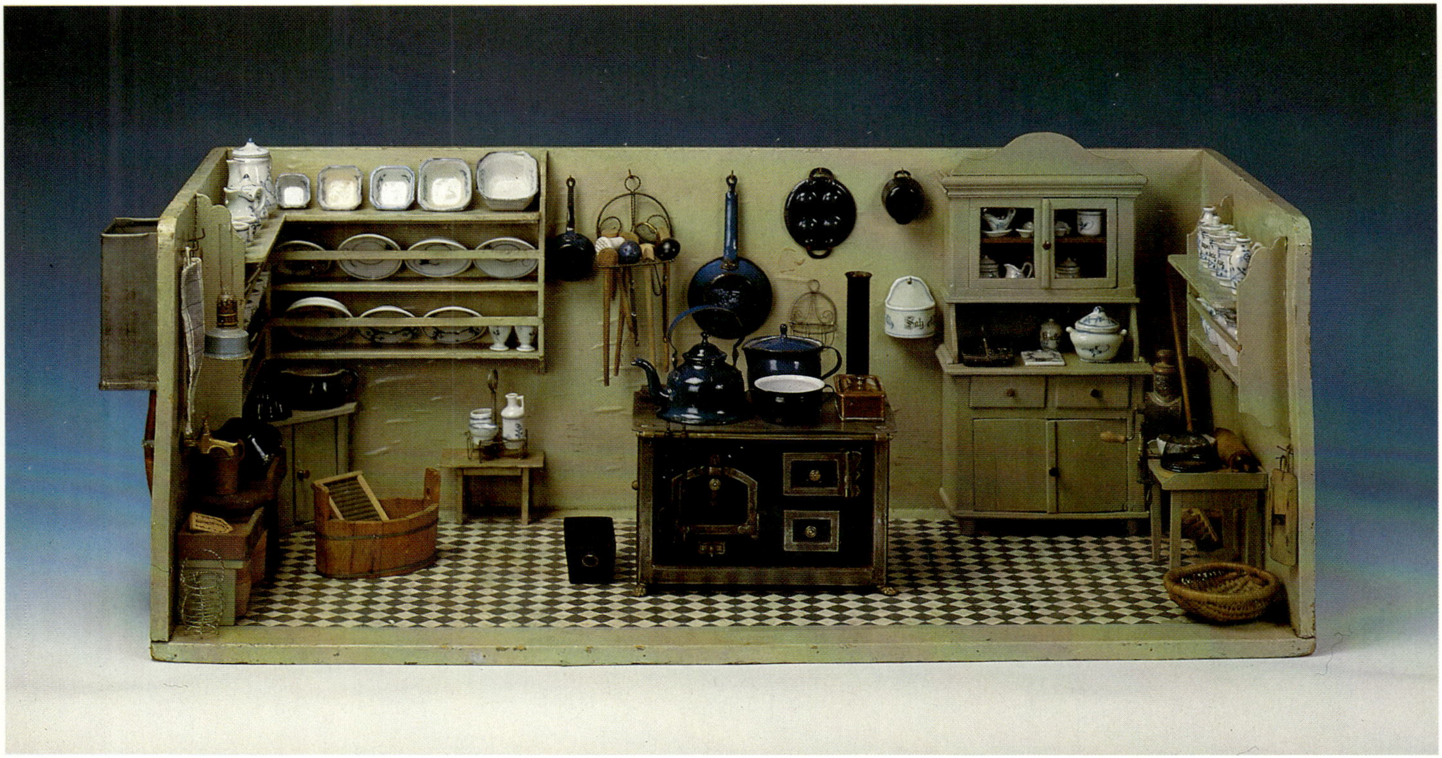

Diese Küchen hatten meist auch noch andere gemeinsame Merkmale: Auf der linken Seite Wandregale über Eck mit einem Eckschrank darunter, einem Wasserstein mit Ablaufbrett davor, rechts nochmals ein Wandregal mit einem Bänkchen oder Schränkchen darunter. An der Rückwand rechts ein Küchenschrank und in der Mitte der Eisenherd meist unter einem Rauchfang. Der Boden im Schachbrettmuster, Wände und Mobiliar in gedeckten Farben, oft mit Bierlasur bemalt.

Die Ähnlichkeit dieser Küchen untereinander hat zu der Bezeichnung *Frankfurter Puppenküche* und zu der Annahme geführt, daß sie von einem Frankfurter Handwerker hergestellt worden seien.[15]

Die reiche Ausstattung solcher und auch anderer Puppenküchen dieser Zeit schildert ein *Kleines illustrirtes Haus- und Wirtschaftsbuch für unsere Lieblinge.* Eingekleidet in eine Erzählung *als Anleitung zu selbständigem Denken und Schaffen in häuslichem Sinne. Nach erziehlichen Grundsätzen bearbeitet und herausgegeben von Elly Gregor und Johanna von Sydow*, mit dem Titel *Lieschens Puppenstube*, zuerst 1884 in Leipzig erschienen:

Lieschen wußte genau, was zu einer vollständigen Küchen- und Hauseinrichtung gehört:

Ein Küchenschrank, um manche Dinge darin vor Staub zu schüt-

Lieschens Puppenküche, 1884

46

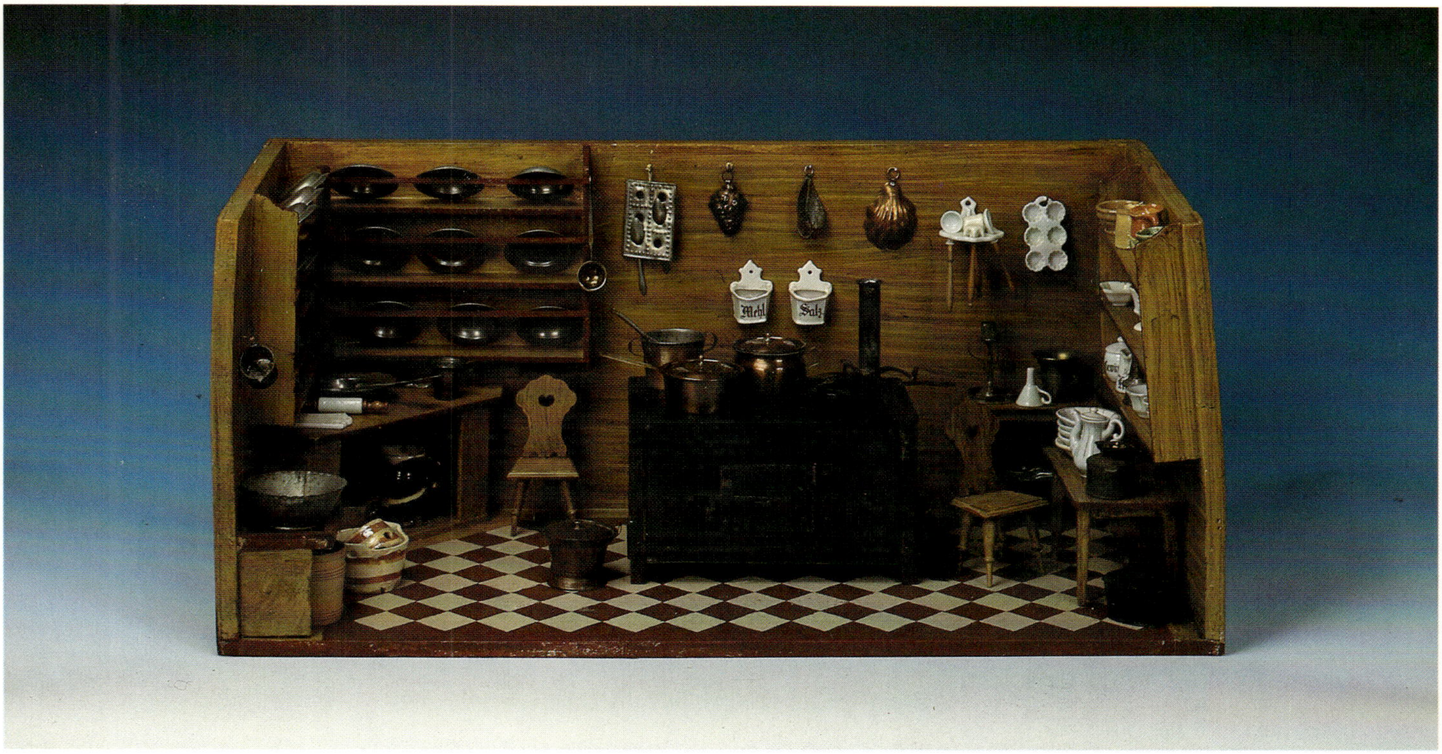
Mehl
Salz

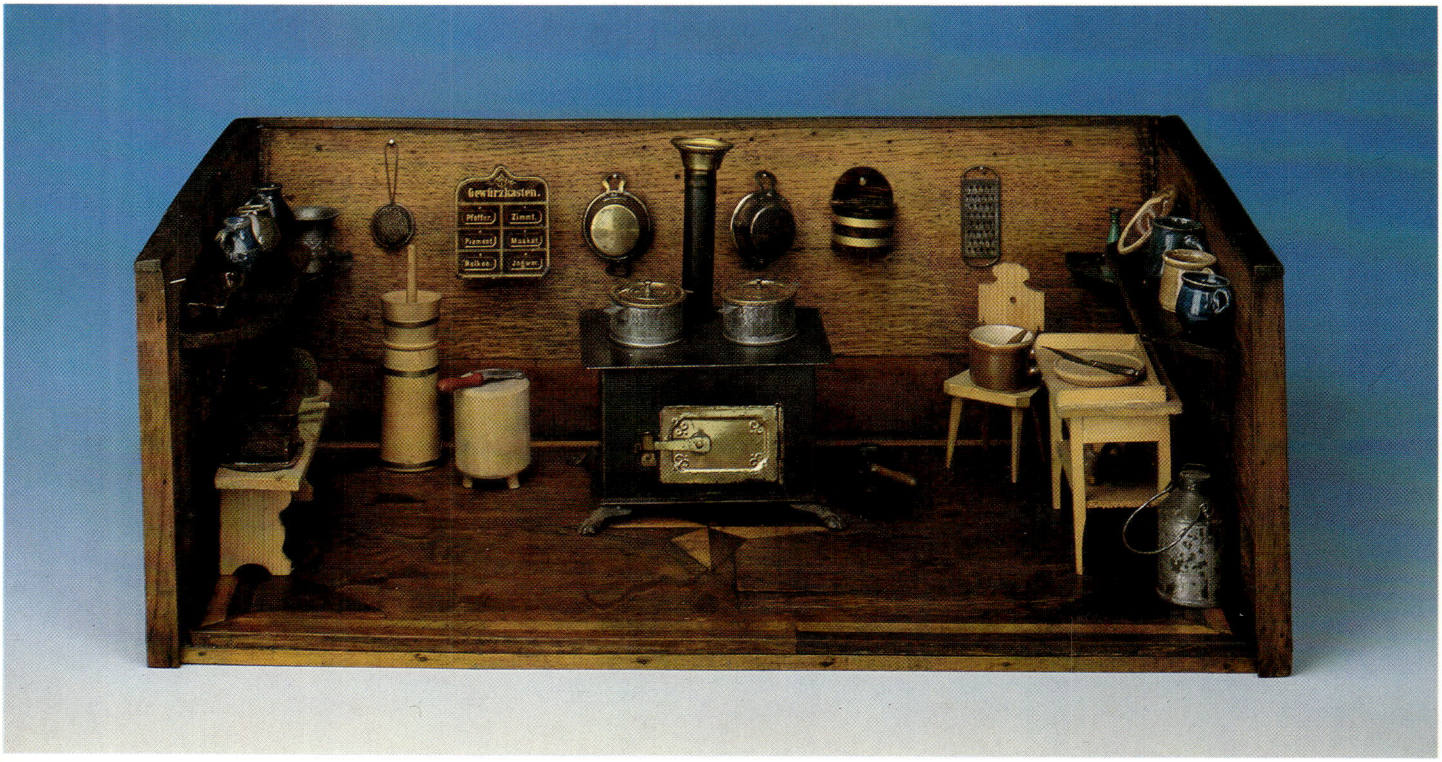
Gewürzkasten.
Pfeffer.
Zimmt.
Piment

Spülstein mit Ablaufbrett, Wassereimer
und Wasserschöpfer
(zur nebenstehenden Küche 1860/70)

zen; ein Aufwaschtisch und außerdem ein großer und bequemer
Küchentisch, sowie ein oder zwei Küchenstühle. Auch ein Fliegenschrank ist sehr nützlich, damit die verschiedenen Leckerspeisen
gegen naschhafte Fliegen geschützt sind; einige Kasserolle, Blech
und Schmortöpfe, zwei bis drei Tiegel und ebensoviel Bratpfannen — wie so manchen Sperling hat Lieschen darin gebraten! —
ein Kaffeekocher, ja, denn es ist sehr wichtig, für das schöne
braune Getränk ein besonderes Kochgefäß zu haben; im Bouillon-
topf darf man ihn durchaus nicht kochen; am besten schmeckt der
Kaffee, wenn er nur gut gebrüht ist. Dann: ein Kesselchen zum
Einsotten der Früchte und zum Musrühren . . .

Farbtafel
oben: Puppenküche, 1860/70
Gehäuse (Höhe 50, Breite 118, Tiefe 51 cm):
Holz bemalt. Möbel: Holz, Bierlasur. Was-
ser: Spülstein, Wassereimer, Schöpfbecher.
Herd: Schwarzblech; Türen, Kanten und
Füße Messing, Handarbeit; Kochgeschirre
aus Weißblech mit Messingdeckeln. Ge-
schirr: Irdenes Geschirr, Blechhausrat.
Besonderes Zubehör: Essigfaß

unten: Puppenküche, 1880/90
Gehäuse (Höhe 42,5, Breite 100, Tiefe
42,5 cm): Holz bemalt, Wandbemalung um
1910 erneuert. Möbel: Holz, Bierlasur.
Wasser: Spülstein, Eimer. Herd: Schwarzblech, backsteinartig geprägt, Türen und
Löwenfüße aus Messing: Weißblech-Kochtöpfe. Geschirr: Keramik, Porzellan. Besonderes Zubehör: Zwiebelnetz, Deckelhalter

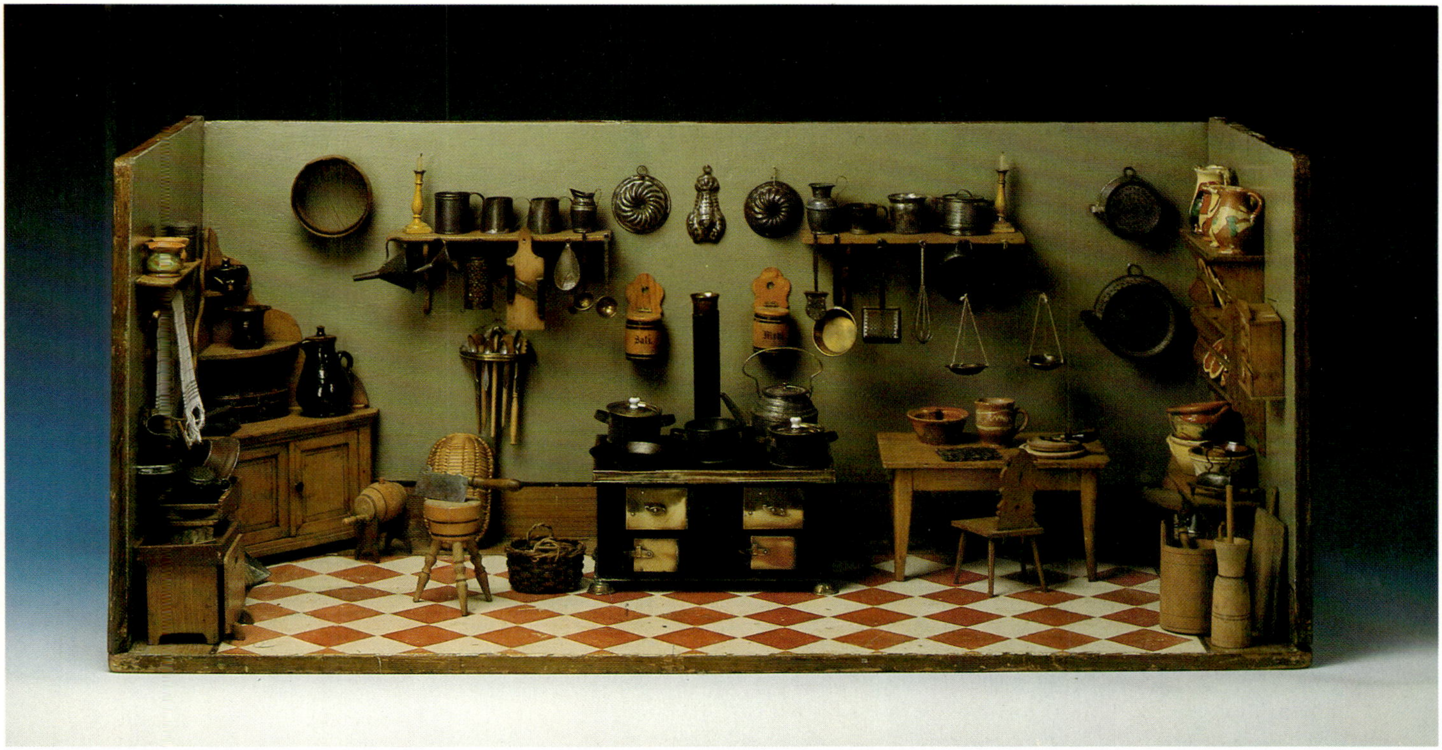

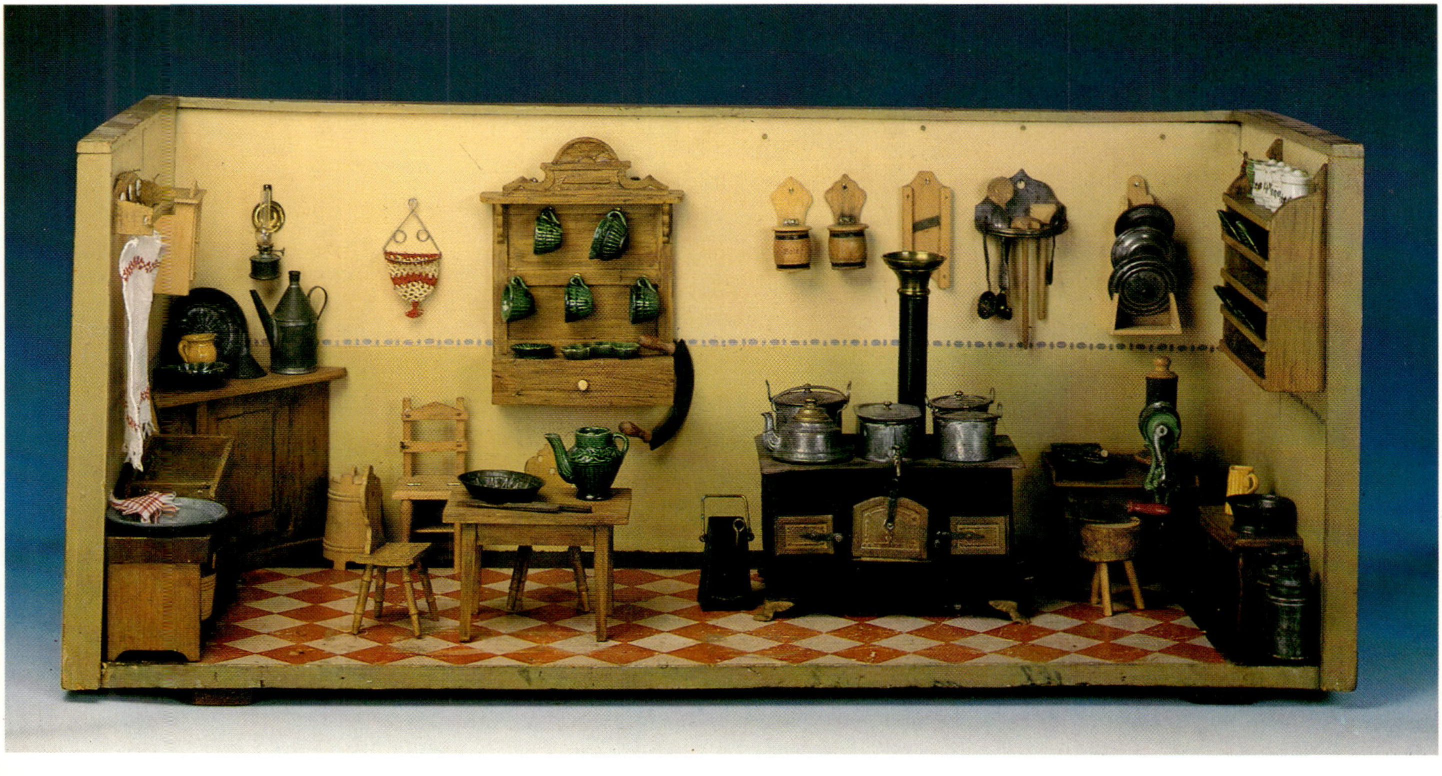

Weiter gehört in die Küche ein Setzeiertigel, worin jedes Ei sein besonderes Bratnäpfchen hat, eine Eierkuchenschaufel, damit der runde dünne Kuchen bequem gewendet werden kann; außerdem ein Kaffeelot und ein ganzes, ein halbes, ein viertel und ein achtel Litermaß, sowie eine Wage und kleinere Gewichte, denn wenn die Speisen gut geraten sollen, so müssen die Zutaten gut abgemessen werden; dann ein Stürzenhalter mit blechernen Stürzen (Topfdeckeln), einige Blechschüsseln, ein Schöpftopf zum Wasserschöpfen; ein Schaumlöffel, ein Bouillonsieb und ein Durchschlag, damit aus der Brühe alles entfernt werden kann, was nicht mit auf den Tisch darf; ein grobes und ein feines Reibeisen — hübsch acht geben, damit die Fingerchen nicht blutig gerieben werden! einige Trichter, eine Milchkanne, die jedesmal nach dem Gebrauch gut ausgebrüht werden muß; ein Theesieb, einige Mehlspeisenformen — denn Mehlspeisen kochen oder vielmehr backen die kleinen Leckermäulchen doch gar zu gern — Bähenform (Aschkuchen), Kuchenbleche, Ausstechformen. Die letzteren sind besonders nötig, wenn es gilt, kleines Gebäck für den Weihnachtsbaum herzustellen; eine Eisform ist auch gut zu benutzen; zu jedem besseren Diner gab Lieschen wohlgelungenes Eis. Ein Dutzend Ragout-fin-Muscheln gehören ebenfalls in eine feinere Küche, und ein kleines Mädchen, das ein wohlschmeckendes Ragout zu bereiten weiß, gilt gewiß schon als erfahrene Köchin. Schöpfkellen, Gemüselöffel und gewöhnliche Blechlöffel müssen in genügender Menge vorhanden sein, denn man kann doch unmöglich saure und süße Speisen, Bouillon, Milch oder dergl. mit einem und demselben Löffel umrühren; eine Schneerute zum Eiweißschlagen, ein Küchenrädchen zum Schneiden des Teiges, ein messingener Mörser, ein Wiege- und ein Hackemesser, ein Tranchiermesser, ein paar Butter- und Käsemesser, starke und feine Spicknadeln, ein Messerschärfer, ein Korkzieher, ein Dutzend Tischmessser und Gabeln, ein Dutzend Dessertmesser und Gabeln, ein Dutzend Eßlöffel und ebensoviel Kaffeelöffel, ein Dutzend Messerbänkchen, ein Rolltischdeckchen, damit die etwa heißen Gefäße die Politur des Tisches nicht verderben, ein halbes Dutzend hölzerne Schinkenteller, ein Salatbesteck von Horn, Senflöffelchen, ein halbes Dutzend Horn-Obstmesser, Pfeffer- und Salz-

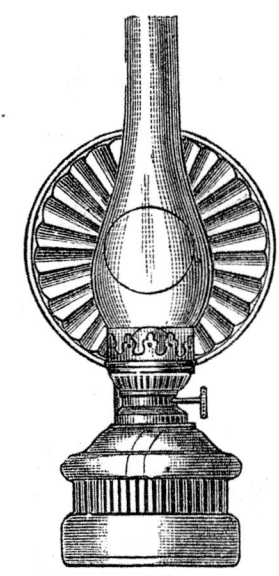

Petroleum-Puppenküchenlampe, um 1880

Vorratsdose, um 1890
Blech, lackiert mit Zwiebelmuster bedruckt

50

schippchen, eine Eieruhr (Sanduhr), ein Dutzend flache Porzellanteller und ein Dutzend tiefe, sowie ein Dutzend Dessertellerchen, lange und runde Bratenschüsseln, Saucieren, runde und viereckige, flache und tiefe Schüsseln und Gemüsenäpfe verschiedener Größe, zwei Suppenterrinen, ein Kartoffelnapf mit Deckel, Kaffee- und Theekännchen, Sahnentöpfchen, eine Zuckerdose, große und kleine Kuchenteller, Wasserflaschen, Wasser, Wein- und Likörgläser, eine Karaffe — alles das je nach Bedarf; je vornehmer der Hausstand und je mehr Gäste sich einzustellen pflegen desto umfänglicher müssen auch die Kücheneinrichtungen sein. Nicht zu vergessen sind auch Fleischbretter, ein Kochlöffelgestell mit Löffeln und Quirlen, ein Fleischklopfer, eine Nudelrolle, Salz- und Mehltönnchen, Eierstellage, damit die zerbrechlichen Dinger nicht an die Erde kollern, ein Gewürzschränkchen, Schlüsselhaken, Brennscheren, Lampenschere, eine Wärmflasche, Plättglocken mit Untersatz, Küchenleuchter und Laterne, eine Spirituslampe mit Kocher, ein Brot- und Semmelkörbchen, Kartoffel-

Eisenherd mit Kupfer und Messing, handgearbeitet, Kupfer-Kochgeschirr, um 1890

Farbtafel
Puppenküche, um 1890
Gehäuse (Höhe 45, Breite 79,5, Tiefe
47 cm): Holz bemalt, mit zwei Fenstern.
Möbel: Holz und Blech (Hängeregale)
lackiert. Wasser: Spülstein, Wassereimer.
Herd: Eisenblech mit Kupfer, Handwerker-
arbeit; Kupfer-Kochgeschirr. Geschirr:
Zinngeschirr, Messingkessel. Besonderes
Zubehör: Brotschneidemaschine; Spitzen-
garnitur

Küche mit Einrichtung um 1880
Interessante Einzelheiten von links nach
rechts: Messingkessel, Zwiebelnetze,
Porzellangeräte, Mörser, Porzellanvorrats-
dosen, Spitzengarnituren
(Fotografie, G. Sauer, Wittenberg, um 1890)

schalkörbchen, bronzierte Kaffee-, Zucker- und Theebüchsen, eine Gießkanne, Krümelschippe mit Beschen, eine Brotkapsel, damit das Brot sich frisch erhält; weiter eine Reibekeule, Bratenlei-
tern, damit das Anbrennen des Bratens verhindert wird, ein Dreifuß, eine Kaffeemühle, ein Nudelbrett, einen Gurkenhobel, ein
Fischnetz, ein Waffeleisen, einen Flaschenkorb; ein Messerputz-
brett, Putzpulver, ein Putzkasten; ein Wichs- und ein Sandkasten,
verschiedene Besen, Handfeger, eine Kehrschaufel — hübsch ruhig und vorsichtig kehren, damit der Staub nicht umherfliegt! —
ein Wischtuchkörbchen, ein Gardinenfeger, Kleider-, Samt-,
Schuh- und Scheuerbürsten, Flaschen- und Tassenbürsten, ein Zy-
linderputzer, ein Möbelklopfer, Scheuertücher, Wischtücher und
Topflappen; außerdem Wassereimer und Wasserkannen, Aufwaschfässer, Waschbecken, Seifennäpfchen, Wäschleinen und
Klammern, Wäsch-, Trag-, und Holzkörbe, eine geflochtene Ton-
ne für schmutzige Wäsche, Marktkorb, Kohlenkasten, Kohlenlöf-
fel und Feuerhaken, ein Küchenfeuerzeug, Ascheneimer ec.[16]
In den Puppenküchen der 90er Jahre gab es außerdem allerlei
(Maschinchen), wie Brotschneider, Eismaschinen, Haushaltungs-
buttermaschinen aus Glas mit Rühraufsatz, Reibemaschinchen,
Milchwärmer, Petroleumlampen und schließlich kleine Eisschränke; Speisekammern waren keine Seltenheit.

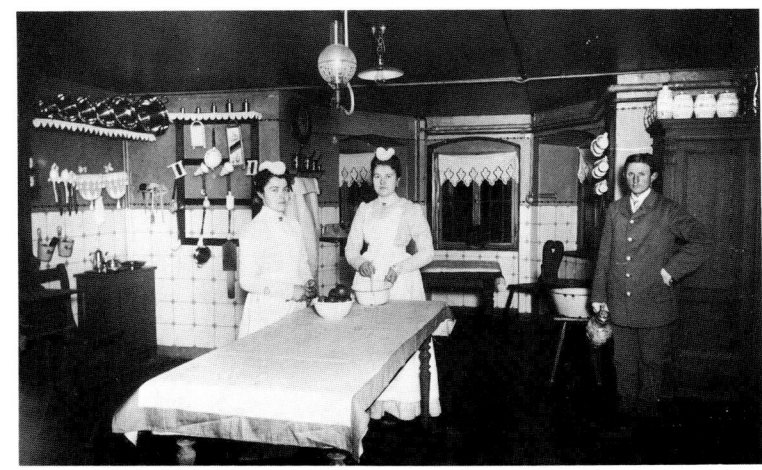

Farbtafel
Puppenkochgeschirr, um 1900
Eisen emailliert, gefleckt. Höhe des Topfes
9 cm

Puppenküche, um 1900
Gehäuse (Höhe 44, Breite 81,5, Tiefe
45,5 cm): Holz lackiert, Boden grünliches
Kachelmuster. Möbel, alter Stil, moderne
Farbe: Holz, weiß lackiert. Wasser: Spül-
stein. Herd: Schwarzblech, geprägt, Türen
und Füße Messing. Emaille-Kochgeschirre
(siehe Farbtafel). Geschirr: Porzellan,
Steinzeug usw. Besonderes Zubehör:
Buttermaschine

Puppenküche, um 1905
Gehäuse (Höhe 41, Breite 99, Tiefe 45 cm):
Holz lackiert, Sockel Kachelmustertapete.
Möbel, alter Stil, moderne Farbe: Holz
weiß/blau lackiert. Wasser: Spülstein.
Herd: Schwarzblech, backsteinartig
geprägt, Weißblech-Kochtöpfe. Geschirr:
Keramik, Porzellan. Besonderes Zubehör:
Eisschrank (rechts)
(Historisches Museum, Frankfurt/M)

Die helle Küche, 1900 — 1920

Gedeckte unempfindliche Farben waren für die Küche notwendig gewesen, solange sich vom offenen Feuer ausgehend Rauch und Ruß an Wänden und Möbeln niederschlug. Man hatte sich daran gewöhnt und auch noch in den letzten Jahrzehnten des 19. Jahrhunderts als der geschlossene Herd schon üblich geworden war, immer noch grüngraue Wandanstriche bevorzugt. Ende des Jahrhunderts jedoch geriet die Küche ins Bewußtsein der Hygieniker, der Wirtschaftstheoretiker, Architekten und Künstler. Damals wurde der erste große Schritt zu einer ganz neuen Konzeption der Küche gemacht.

Die moderne Küche sollte ein heller, luftiger Raum, möglichst mit mehreren Nebenräumen sein. Die Hygiene wurde in der Küche fast so ernst genommen wie im Krankenhaus. Wasseranschluß sollte selbstverständlich sein.

Joseph August Lux, der in verschiedenen Schriften die Ideen zeitgenössischer Künstler popularisiert hat, beschreibt 1905 in seinem Buch *Die moderne Wohnung und ihre Ausstattung* die ideale Küche:

Man *legt... die Fenster breit und ziemlich hoch an..., damit die Wandflächen für die Kücheneinrichtung gut ausgenützt werden können. Unter diesen Fenstern befinden sich in der Regel die Schränke mit möglichst viel Laden und Stellagen, die mit Glastüren verschlossen sind. In der Mitte der Wand, unterhalb der Fenster finden wir häufig den Anrichtetisch, in seinen Unterteilen als Schrank ausgenützt und von einem Gesims mit verschließbaren Fächern gekrönt. Auf der gegenüberliegenden Seite steht der Herd. Im Gegensatz zur Küche von einst, die man erst dann für schön erachtete, wenn das blitzende Messing- und Kupfergeschirr, die bunten Töpfe aus Steingut und Prozellan, die Zinn- und Blechgefäße an Wänden und offenen Stellagen zum Entzücken der Hausfrau prangend ausgestellt waren, liebt man es heute, jegliches Küchenrequisit in den Schränken abzuschließen und hat*

Helle Küche, 1905/10
Hell gekachelte Wände, ebensolcher Kachelherd, weiße Porzellanvorratsgefäße und Krüge. Amateurfotografie
(Fotoarchiv E. Maas, Frankfurt/M)

damit vollkommen recht... Denn so kann das Geschirr von Staub und Fliegenunrat frei gehalten werden und man erspart ein Übermaß von Reinigungsarbeit... Nur das Kupfergeschirr läßt man frei hängen. Eine solche Küche sieht aber auch appetitlich genug aus, namentlich wenn die Wände weiß verkachelt sind, wie das neustens oft der Fall ist... An Stelle der Kacheln werden auch dünne Marmorplatten verwendet und zwar nur weiße, weil es aus begreiflichen Gründen Grundsatz ist, daß Weiß vorherrsche. Darum werden sämtliche Holzgegenstände, also die ganze Kücheneinrichtung weiß lackiert, wobei man den Vorteil hat, durch einfaches Abwaschen jeden Schmutz leicht zu entfernen. Daß man auf Weiß jede Unreinlichkeit sofort sieht, ist nur ein Vorzug, denn sie soll nirgends und am allerwenigsten in der Küche geduldet werden. Will man durchaus ein Ornament, so soll es nur ein Flachornament sein, aufschabloniert und sparsam angewendet...
Die Küchenmöbel sollen mit ihrer Fläche bis auf den Fußboden herabgehen und auf diesem ohne Füße fest aufstehen.[17]

Diese Vorstellung, weiß hygienisch, mehr Labor als belebte Küche, sagte keineswegs allen Zeitgenossen zu. Rudolf Mehringer beispielsweise sah die sich anbahnenden tiefgreifenden Veränderungen in der Küche mit Bedauern: Er schrieb 1906 in seinem Buch *Das deutsche Haus und sein Hausrat: Ein merkwürdiges Schicksal hat die Küche erlebt. Einst der Mittelpunkt des Hauses, der Platz der Hausfrau, wird sie heute immer mehr als lästig empfunden und von den Wohnräumen weggeschoben. Die Frau des Hauses zieht sich allmählich von ihr zurück.*[18]

Genaugenommen realisierten sich die Wunsch- bzw. Angstvorstellungen damaliger Zeitgenossen erst in den 50er/60er Jahren unseres Jahrhunderts. Um 1900 aber standen der modernen elektrifizierten, Labor- bzw. ästhetischen Jugendstilküche in den meisten Haushalten noch die altmodischen Küchen des 19. Jahrhunderts gegenüber.

Bis in die 20er Jahre des 20. Jahrhunderts hinein hielten sich die Buffets mit gedrechselten Säulen und komplizierten Aufsätzen. Palastartige Küchenschränke mit vorspringenden und auch gewölbten Mittelteilen, Gitterwerk vor den geätzten oder geschliffenen Fenstern, maschinengeschnitzte Ornamente in den Türfüllun-

Jugendstilküche, Entwurf Patriz Huber, Darmstadt 1900

58

Küche, 1901

gen galten den meisten Hausfrauen als »modern«. Weiß lackierte Flächen mit schwarz abgesetzten Zierleisten und lasiertes Naturholz (hell bis dunkelmahagoni) wurden damals bevorzugt.

Die helle Puppenküche, 1900 — 1920

Mehr noch als die große Küche hat die Puppenküche viele Elemente aus dem 19. Jahrhundert lange beibehalten. Vor allem mochte man die hübschen Geschirre, die Töpfchen und Geräte keineswegs in den geschlossenen Schränken verschwinden lassen, wie es den Forderungen der Zeit entsprochen hätte. In den meisten Punkten entsprach die Gestaltung und Einrichtung jedoch durchaus dem Zeitgeist.

Die hellen Töne, naturlasiert, beige, elfenbein, weiß mit hellblauen oder bronzierten Linien haben sich weitgehend durchgesetzt, auch *das sparsam angewendete, flach aufschablonierte Ornament* wurde gern angewandt. Für die Puppenküchen waren in dieser Zeit »gekachelte« Wände typisch, gemalt oder als Tapete, oft im Holländer-Muster. Ein Baden-Badener Spielwarenhändler bietet in einem Katalog um 1913 entsprechende Küchen an: *gerade Form, weißblau lackiert* und *viereckig, schräg, mit Wasserleitung und Ausguß, imitierter Majolika-Wandvertäfelung (blaue Ornamente auf weißem Porzellangrunde), Fenster zum Öffnen und Blechherd, mit Einrichtungsgeschirr.*

In den ersten zwei Jahrzehnten unseres Jahrhunderts gab es Puppenküchen in allen Größen, je nach Ansprüchen und Platzverhältnissen, bzw. finanziellen Möglichkeiten, von der winzigen *Erzgebirge-Küche* über die *zusammenlegbare,* die *kleine mit Brandmalerei verzierte hölzerne* und die sehr flache *französische Küche* bis zur *sehr großen Küche* mit »palastartigen« Schränken. Die Einstellung der Erwachsenen zum Spielzeug hat sich in dieser Zeit etwas verändert, das ästhetische Vergnügen und die persönliche Neigung des Kindes wurden nun stärker berücksichtigt.

Paul Hildebrandts umfassendes Buch *Das Spielzeug im Leben des Kindes,* das 1904 in Berlin erschienen ist, läßt diese Aspekte in seiner Schilderung der *Puppenküchen-Herrlichkeit* anklingen:
Für ein Mädchen, das Sinn und Lust für häusliche Arbeiten hat und das in die Reihe der Kinder gehört, bei denen die Talente der

Farbtafel
Puppenküche, um 1905
Gehäuse (Höhe 42,5, Breite 89,5, Tiefe 43,5 cm): Holz, tapeziert im Kachelmuster. Möbel: Holz lackiert, Schrank und Borde eingebaut. Wasser: Wasserbank mit Kanne und Eimer. Herd: Schwarzblech geprägt, Türen und Löwenfüße aus Messing, für Spiritus; Weißblech-Kochgeschirr, zusätzlich »Gasherd«, Gußeisen, lackiert, für Spiritus. Geschirr: hellblau-emailliertes Eisenblech, Porzellan, Irdenware. Besonderes Zubehör: Besenschrank

Wasserbank mit Eimer, Wasserkrug, Konsole und Schöpfbecher
(siehe nebenstehende Farbtafel)

Zusammenlegbare Küche 1903/4 in einem
Kaufhauskatalog angeboten
(Evtl. von Gebr. Märklin, Göppingen 1902)

*Handfertigkeit stärker sind wie die rein geistigen Neigungen, ist
ein solcher großer Kinderhochherd oder gar ein Küchenschrank
mit aufstellbarem Kochherd und Wandaufbau für die Küchengeräte eines der besten und nützlichsten Geschenke. Es ist auch ein
solches Geschenk vom modernen Standpunkt aus, also im Sinne
Van de Veldes, unbedingt ein künstlerisches zu nennen. Wie
freundlich und hell ist der hübsche mit weißem japanischen Lack
gestrichene Küchenschrank mit den blauen Linien an den
Schranktüren und den roten Kachelstrichen an dem Wandbrett.
Auf dem Schränkchen, das die Höhe eines Kindertisches hat, steht
der schmucke, elegante Kochherd mit der goldgelb blitzenden
Schutzstange (durch die übrigens beim Kochen mit Gas das Gas
zugeleitet wird) und mit den gerade von dem dunklen Eisenaufbau
sich glänzend abhebenden Messingtüren.*

Farbtafel
Puppenküche, 1905/10
Gehäuse (Höhe 37, Breite 73, Tiefe 43 cm):
Holz lackiert im Kachelmuster. Möbel:
Schrank und Anrichte hellbeige gestrichen,
bronziert. Wasser: Wasserbank, Eimer.
Herd: Schwarzblech, backsteinartig geprägt;
Türchen und Beine goldfarben; Blechkoch-
töpfe. Geschirr: Weißblech, goldbronzierte
Vorratsdosen, Porzellan bemalt. Besonderes
Zubehör: Besenständer, Blech

Puppen-Kochherd, um 1910
Schwarzblech und vernickelte Teile,
vernickelte Kochgeschirre. Höhe ohne
Kamin 10 cm
(Historisches Museum, Frankfurt/M)

Puppenküche, 1910
Gehäuse (Höhe 8, Breite 22 bzw. 19,7, Tiefe
9,2 cm): Holz. Möbel lackiert. Erzgebirge

Die Platte des Kochherdes ist aus spiegelblankem Eisenblech, und nun die Kochgeschirre aus vernickeltem Zink, wie hell, wie freundlich und sauber leuchten sie der kleinen Empfängerin entge-

Puppenküche unterm Weihnachtsbaum, 1910/20
Amateurfotografie

nküche, 1910
lse (Höhe 28, Breite 59 bzw. 47, Tiefe
: Holz lackiert, Sockel und Boden
tapete. Wasser: Wasserbank. Herd:
rzblech mit Türchen, Füßen und Ein-
g aus messingfarbenem Blech, für
s, Weißblech-Kochtöpfe mit Por-
nöpfen. Geschirr: Porzellan, Holz.
eres Zubehör: Deckelhalter mit
l, Wandbrett mit Tranchierbesteck
tzstahl (hinten), Blech-Leiterstuhl

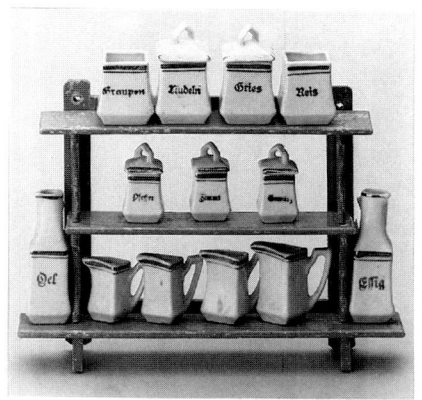

gen, als wollten sie sagen: »So blitzeblank möchten wir auch von
dir gehalten werden«, und welche Vielseitigkeit wird an ihnen entdeckt.
Da sehen wir einen Tee- oder Wasserkessel, Kasserollen, Koch-
und Schmortöpfe, Fischkocher, Kaffeemaschine, Schokoladen-
kocher und die Backbleche für die zwei vorhandenen Back- und
Bratöfen; mit einem Wasserkasten für heißes Wasser und einem

Puppenküche, 1910/20
Gehäuse (Höhe 28, Breite 67 bzw. 56, Tiefe
36,5 cm): Holz lackiert, Sockel hellblau/
weiß, Boden braun/schwarz/weiß. Möbel:
weiß lackiert, Abziehbilder. Wasser: Reservoir mit Hahn und Becken. Geschirr: Porzellan, Blech, hellblau lackiert. Besonderes
Zubehör: Wandbleche, hellblau bedruckt,
mit Spülbürsten, bzw. Schöpflöffeln

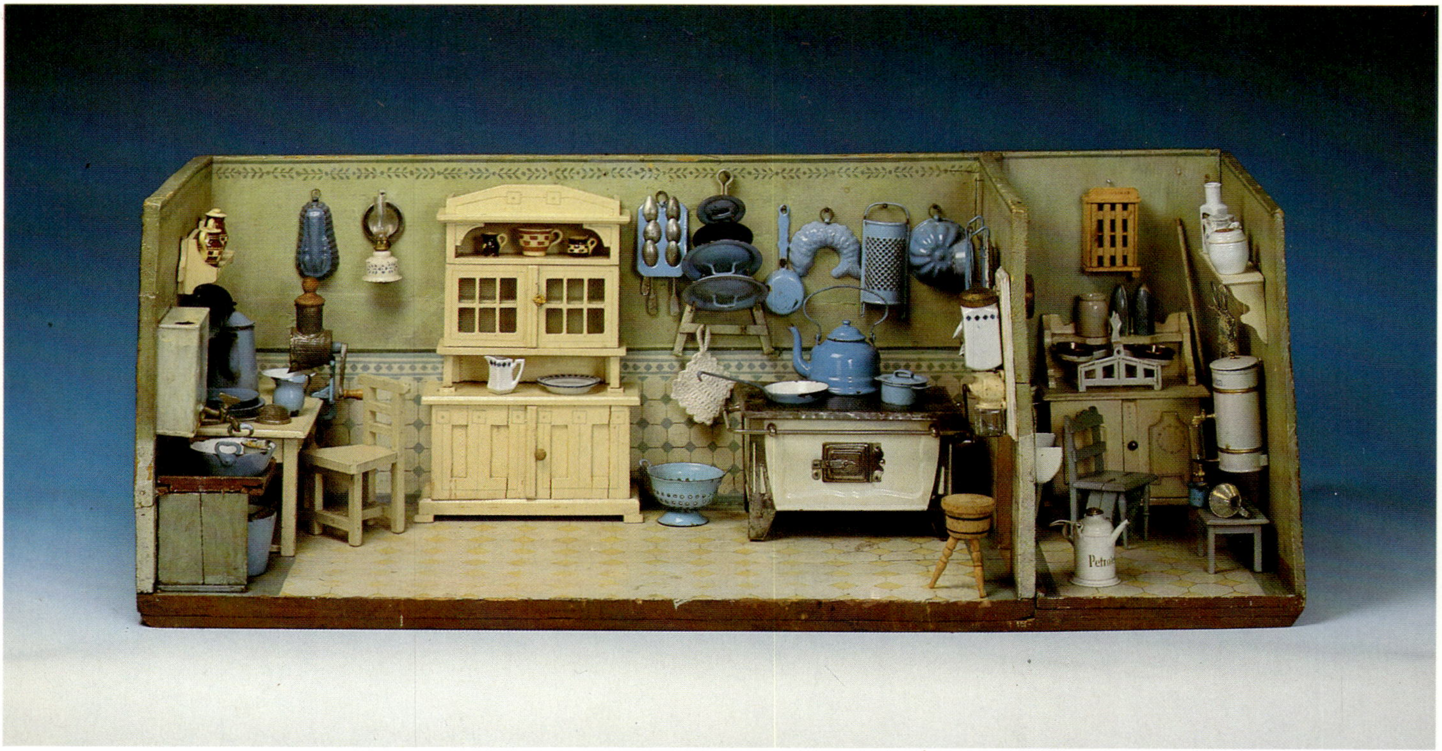

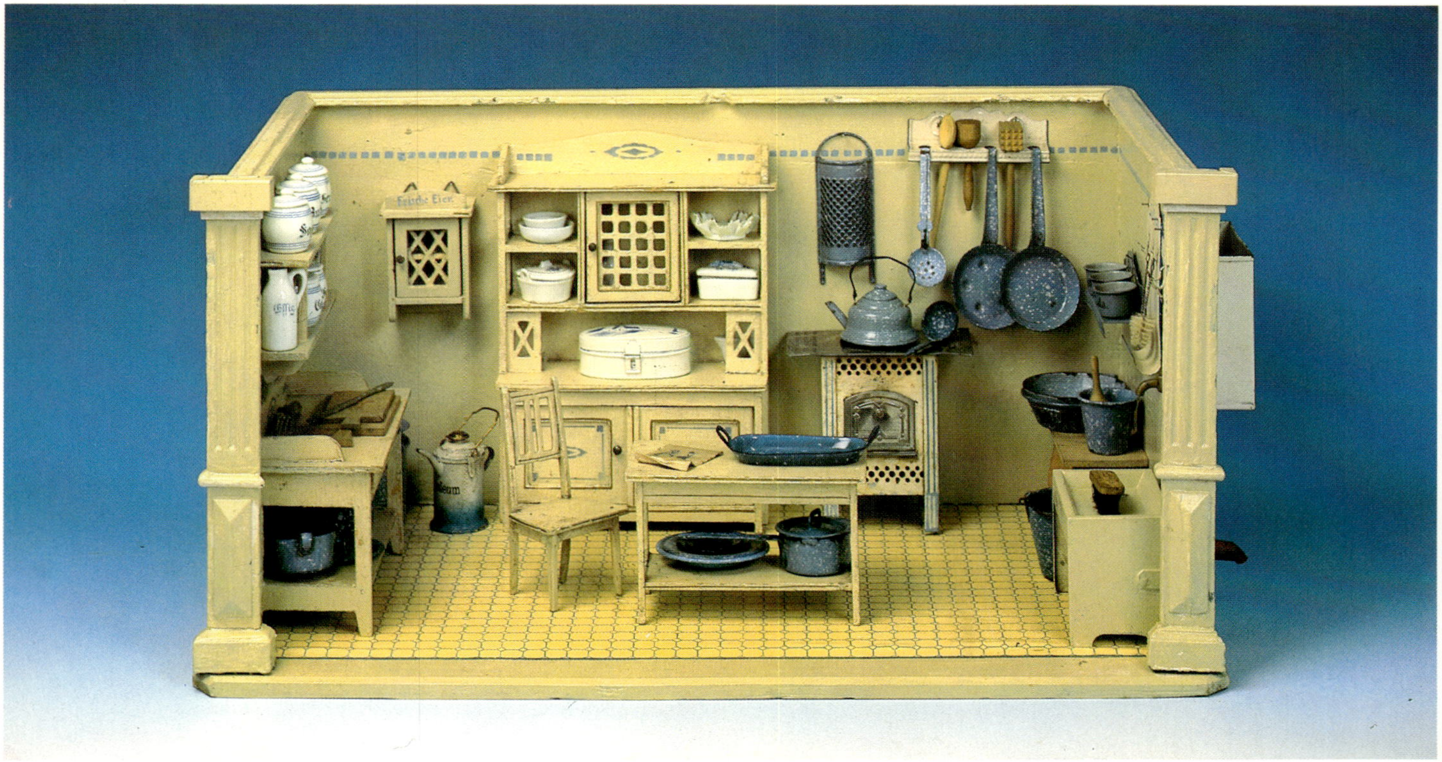

Puppenküche, um 1900
Gehäuse (Höhe 25,5, Breite 41,5, Tiefe
40,5 cm): Holz mit Kacheltapete, Wände im
Holländermuster; Fenster. Möbel: Naturholz mit Brandmalerei. Herd: Mit Rückwand, Blech geprägt, Türchen messingfarben, Weißblech-Kochtöpfe mit Messingdeckeln. Geschirr: Holz und Porzellan

Farbtafel
oben: Puppenküche mit Speisekammer,
um 1910
Gehäuse (Höhe 38, Breite 102, Tiefe
37,5 cm): Holz lackiert im Kachelmuster.
(Älteres Gehäuse von ca. 1870 mit später
angefügter Speisekammer). Möbel: Holz
lackiert. Wasser: Reservoir mit Messinghahn und Spülstein. Herd um 1920: Blech,
weiß emailliert, z. T. vernickelt, elektrisch;
hellblau emaillierte Kochtöpfe. Geschirr:
Hellblaues Emaille, Keramiktöpfchen, Porzellan. Besonderes Zubehör: Deckel- und
Löffelhalter, Wandkaffeemühle; in der
Speisekammer: Eierschränkchen, Leiter-
stuhl, Petroleum-Meßapparat

unten: Puppenküche, um 1910
Gehäuse (Höhe 34, Breite 67, Tiefe 38 cm):
Holz lackiert, Boden mit Kacheltapete.
Möbel: Holz lackiert, Schablonenmuster.
Wasser: Reservoir mit Hahn, Spüle. Herd:
»Gasherd«, Blech lackiert für Kerze,
Wasserkessel Blech, lackiert. Geschirr:
Emaille, blau/weiß gesprenkelt, Porzellan

*Schornstein ist dieser treffliche Kochherd, der entweder mit Spiri-
tus oder mit Gas geheizt wird, natürlich auch versehen.*
*Aber mit der Beschreibung des Kochherdes sind die Herrlichkei-
ten, die eine solche Kinderküche enthält, noch lange nicht er-
schöpft, denn alles, was unsere wirkliche Küche birgt, ist auch in
der Kinderküche vorhanden.*
*So jene gelb lackierten Büchsen zum Aufbewahren von Kaffee,
Zucker, Gries, Mehl, dann der Salznapf, die Büchs'chen für die
Gewürze, ferner Reibeisen, Siebe, Trichter, Küchen-, Speise- und
Puddingformen, Hack- und Wiegemesser, verschiedene Tranchiermesser, Kaffeemühlen, Eis-, Butter- und Semmelreibmaschi-
nen, Küchenwiegeschale, Reibekeulen, Durchschläge und endlich
Eimer, Wannen, Aufwaschfässer, sowie das gesamte zum Kochen
gehörige Porzellan-, Blech- und Emaillegeschirr.*
*Alle diese Geräte sind in dem Küchenschrank und auf den Kü-
chenbrettern und Küchenrahmen untergebracht, daneben finden
wir aber in der kompletten Kinderküche noch eine ganze Anzahl*

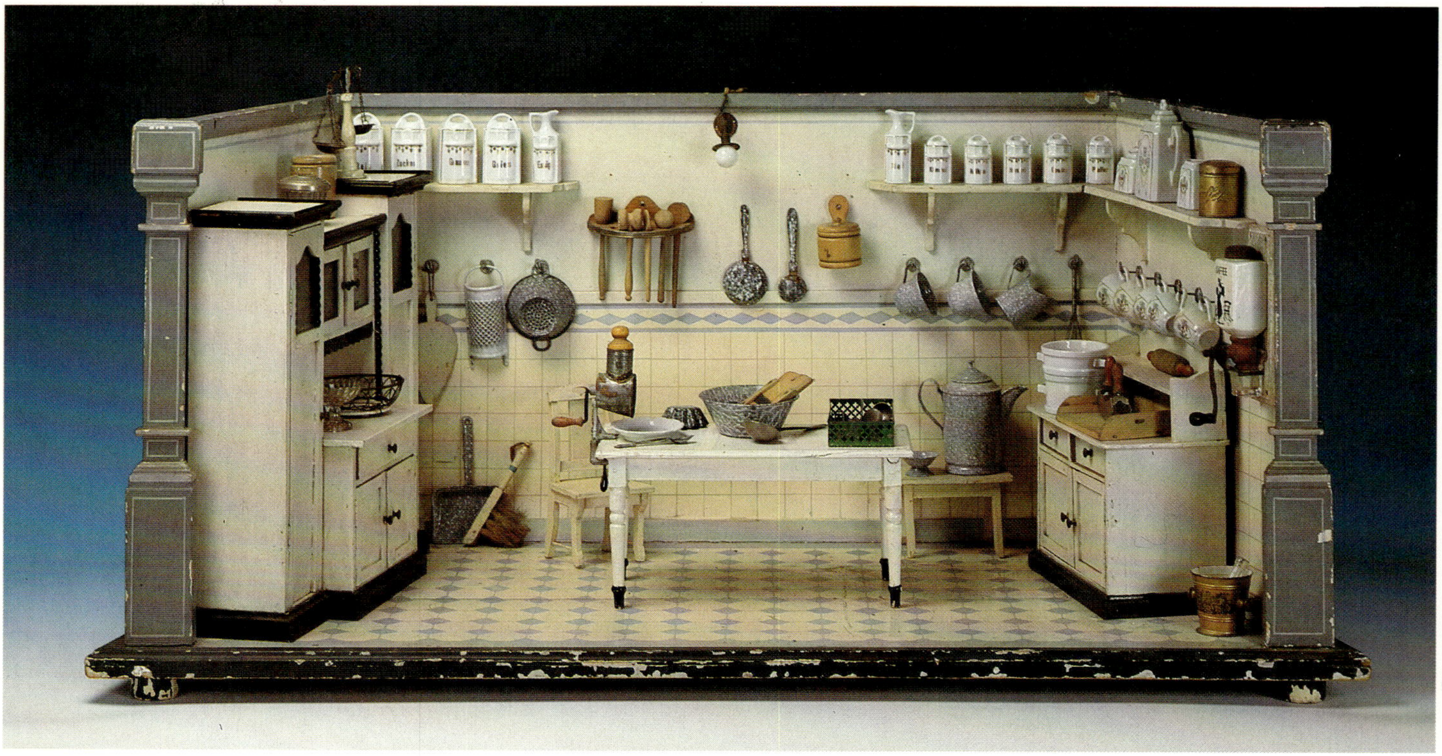

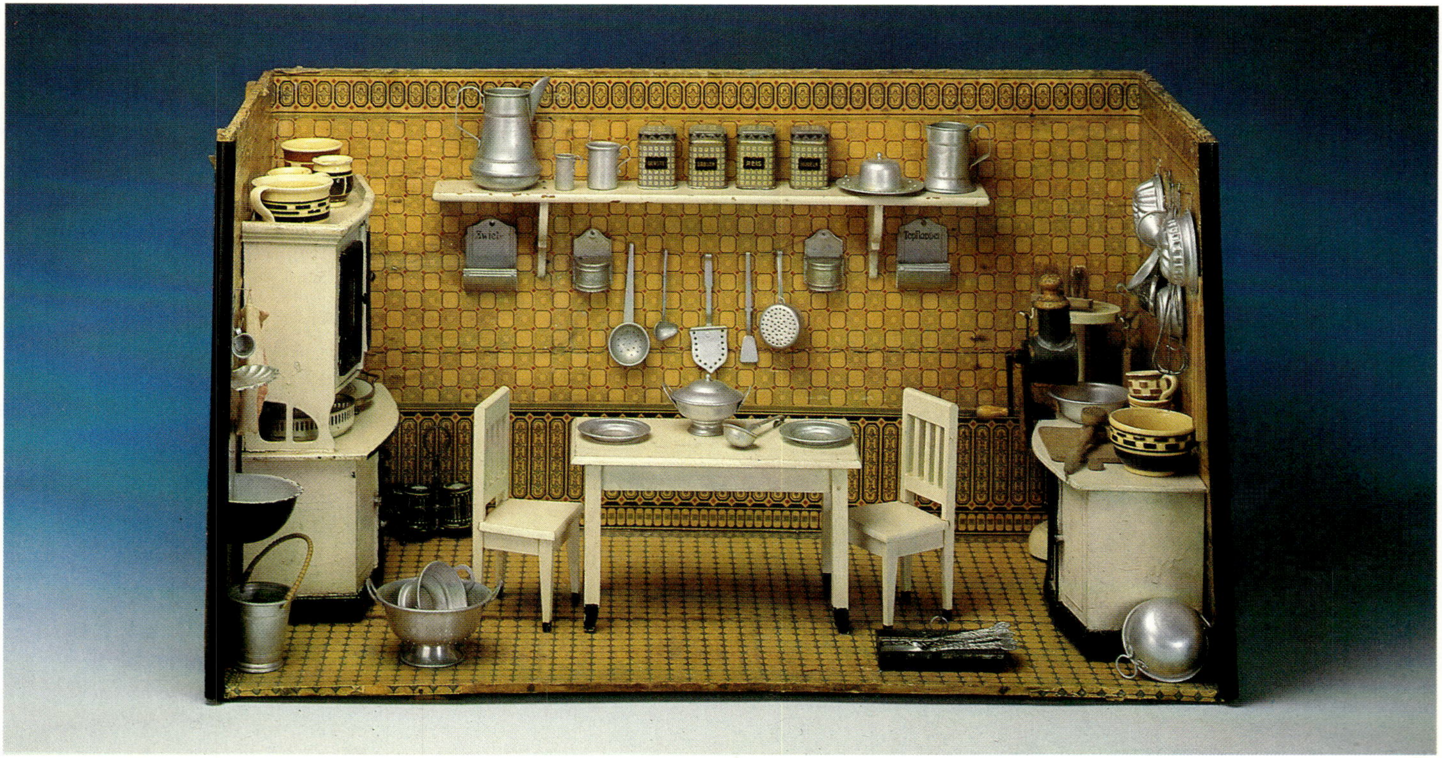
REIS
Topflappen

von Küchenmöbeln und Geräten, die in einer guten Hauswirtschaft auch nicht fehlen.

Es sind dies der Küchentisch, die Küchenstühle, das Eisschränkchen und der mit Besen, Schrubber, Müllschippe, Handfeger, Teppichbesen und Ausklopfer garnierte Besenständer.

Sogar der Schuhzeugkasten mit allem Zubehör ist vorhanden.[19]

Puppenherd zur nebenstehenden Küche oben

Puppenherd zur nebenstehenden Küche unten

Farbtafel
oben: Puppenküche, 1910/20
Gehäuse (Höhe 55, Breite 122 bzw. 94, Tiefe 53 cm): Holz lackiert im Kachelmuster. Möbel: Holz lackiert, palastartiger Schrank. Herd (obenstehend): Schwarzblech im Kachelmuster geprägt, bronziert, Messingtürchen, Emaillekochtöpfe grau/weiß gesprenkelt, für Spiritus. Geschirr: Vorratsdosen Porzellan mit Gold, Kaffeegeschirr Porzellan mit Abziehbildern, Emaillegeschirr grau/weiß gesprenkelt. Besonderes Zubehör: Sektkühler (rechts)

unten: Puppenküche, 1910/20
Gehäuse (Höhe 39, Breite 75, Tiefe 41 cm): Holz mit Kacheltapete. Möbel: Holz lackiert, Küchenschrank mit Glasfenstern. Wasser: Ausguß mit Eimer, kein Wasseranschluß. Herd (nebenstehend): Schwarzblech geprägt, bronziert, Türen und Beine Messing, für Spiritus; Aluminium-Kochgeschirr. Geschirr: Aluminium, Keramik, Blech bedruckt. Besonderes Zubehör: Besenständer (rechts hinten)

Die »Reformküche« der 20er und 30er Jahre des 20. Jahrhunderts

Während des ersten Weltkrieges und in den Jahren danach hatte sich das Selbstverständnis der Frauen deutlich verändert. Die erzwungene Selbständigkeit und die Erfahrungen in dieser Zeit haben zusammen mit der üblich werdenden Kleinfamilie und den niedriger werdenden Kinderzahlen die Berufstätigkeit der Frau gefördert und schließlich zu einem neuen Selbstbewußtsein geführt. Die Frau sah in der Hauswirtschaft nicht mehr ihre wichtigste Aufgabe, sondern eher eine Arbeit, die am Rande zu laufen hatte. Möglich war das nur, weil man begann, den Haushalt wie einen eigenständigen Kleinbetrieb aufzufassen — jedenfalls vom Arbeitsablauf her — und ihn dementsprechend durchzurationalisieren, zu elektrifizieren und zu mechanisieren. Die Einrichtung der Küche wurde nunmehr sorgfältig geplant, jeder Schritt und jeder Handgriff überlegt, ja wie in den Arbeitsplatzanalysen wurde auch in der Küche für jede Tätigkeit der kürzeste Weg gestoppt und die einfachste Methode durch Berechnungen und Bewegungsstudien ermittelt. Alle Arbeiten, die von Maschinen geleistet werden konnten, sollten auch von Maschinen ausgeführt werden, wenn möglich durch elektrifizierte Maschinen. Nach und nach würde dann die Elektrizität die Muskelkraft in der Küche ersetzen. So sah die Idealvorstellung der Zeit aus.

Die Wohnungsnot der 20er Jahre trug dazu bei, das Konzept der kleinen durchrationalisierten Küche zu fördern. Sozialdemokratische Stadtverwaltungen und sozial verantwortungsbewußte Architekten stellten Wohnungsbauprogramme auf, die minimales Einkommen der Mieter berücksichtigten. In den Großstädten entstanden damals Wohnsiedlungen, die auf kleinstem Raum möglichst große Wohnqualität zu bieten suchten. So hat beispielsweise Wien zwischen 1923 und 1926 25 000 Wohnungen gebaut, die nur je 38 qm Grundfläche aufwiesen und trotzdem für 4 Personen (El-

»Frankfurter Küche«, 1926
(Architektin: Grete Schütte-Lihotzky,
Frankfurt/M)

tern mit zwei kleinen Kindern) optimal nutzbar eingerichtet wurden. Eine geschickt ausgestattete Kochnische mit Rolladen, ausziehbaren und umklappbaren Einrichtungsteilen ersetzte hier die Küche und nahm nur 2,30 qm in Anspruch.[20]

Vorbild für viele späteren modernen Kücheneinrichtungen wurde dann 1926 die sogenannte »Frankfurter Küche« der Frankfurter Architektin Grete Schütte-Lihotzky, auch »May-Küche« genannt, weil sie serienmäßig in Maysiedlungen eingebaut wurde. Diese Küche entspricht in ihrer Raumaufteilung, dem Einbau von Schränken und Vorratsbehältern und der totalen Platzausnutzung der Küche eines Speisewagens.

Vorweggenommen wurde übrigens diese Entwicklung bereits 1869 in den Ideen der Amerikanerin Catherine E. Beecher.[21] Sie erkannte schon damals, daß die Arbeit der Hausfrau über eine vernünftige Einteilung der Küche und der Arbeitsabläufe reduziert werden könnte. In detaillierten Beschreibungen und Aufzeichnungen geht sie einen ähnlichen Weg wie Schütte-Lihotzky: anstelle des Küchentisches plante sie fortlaufende Arbeitsflächen an den Wänden, anstelle des Schrankes aufgeteilte Wandregale und Schubladen bzw. Behälter unter den Arbeitsflächen, so daß alle Geräte an den Stellen griffbereit liegen, wo sie benötigt werden. Die Organisierung der Arbeitsvorgänge liegt also schon lange vor ihrer Mechanisierung. Die eigentliche Mechanisierung, d. h. die Elektrifizierung kann zwar in Deutschland erst nach dem zweiten Weltkrieg als allgemein abgeschlossen gelten, wurde jedoch schon in den 20er und 30er Jahren intensiv vorangetrieben.

Dieser perfekte durchrationalisierte Küchentyp wurde wie gesagt in Wohnungsbauprojekten serienmäßig eingebaut, Architekten richteten sich selbst und anspruchsvollen Kunden größere aber im Prinzip vergleichbare Küchen ein; die Allgemeinheit jedoch hat diese zweckmäßigen, kühl ästhetischen Küchen damals kaum angenommen. Küchen ohne Tische, ohne Stühle, nur für die Hausfrau bestimmt, die darin allein und möglichst rasch die nötige Küchenarbeit erledigen konnte, schienen den Bedürfnissen der meisten Menschen nicht zu entsprechen, die offensichtlich auch damals eine »gemütliche Atmosphäre« vorzogen und schlichtweg »dabei sein« wollten. Amateurfotos und Küchenmöbelkataloge

Reformküche, 1930

In der Wohnküche, 1930
Amateurfotografie

der 20er und 30er Jahre zeigen jedenfalls weit weniger sachliche Einrichtungen als vielmehr Wohnküchen. Die Küchenschränke wiesen Zierleisten auf, gekehlt und gerippt, Fenster mit geschwungenen oder gitterartigen Holzleisten bzw. Ätzmustern und gewölbte Fronten mit stark gemaserten Naturholzblenden. Zum Teil wurden elfenbein oder lindgrüne Schleiflackschränke mit geflammten Holzleisten bevorzugt, auf breiten geschwungenen Füßen.

Die Gebrauchsvariante der kompromißlos sachlichen, zweckmäßigen Architektenküchen jener Zeit war wohl die sogenannte »Reformküche«. Charakteristisch für diesen Küchentyp ist ein breiter niederer Küchenschrank mit glatten Fronten und eingebauten Vorratsschütten, ein bequemer Drehstuhl, ein Tisch mit Schublade, eventuell Abwaschtisch oder Ablaufbrett zum Spülstein. Alle Holzteile in weißem oder elfenbeinfarbenem Schleiflack waren leicht zu pflegen.

Diese »Reformküche« galt als ideal bis in die späten 30er Jahre und lebte um 1950 nochmals auf. Sie ist in beiden Zeitabschnitten auch als Puppenküche realisiert worden. (Abb. S. 75 und S. 95)

Puppenküchen der 20er und 30er Jahre des 20. Jahrhunderts

Wie in den großen Küchen so war natürlich noch mehr in den Puppenküchen die moderne durchrationalisierte Einrichtung eine Besonderheit. Eine der hier abgebildeten Puppenküchen, welche auf kleinstem Raum in einem verschließbaren flachen Schränkchen untergebracht ist, hat ausnahmsweise die wichtigsten Kriterien einer modernen 20er-Jahre-Küche: Gasherd, Warmwasser-

Farbtafel
Puppenküche »im Schrank«, Ende 20er Jahre
Gehäuse (geschlossen: Höhe 39, Breite 50, Tiefe 11): Holz mit Kacheltapete. Möbel: feste Einbauten außer Tisch und Hocker. Wasser: Boiler, Spülbecken. »Gasherd«, Blech lackiert für Spiritus; Emaille-Kochgeschirr. Geschirr: Blech bedruckt, Porzellan. Besonderes Zubehör: Obstschalen, Steingutplatten mit vernickeltem Rand

Kochnische, 1925
(Franz Schuster, Wien)

Puppenküche, 20er Jahre
Amateurfotografie
(Fotoarchiv E. Maas, Frankfurt/M)

Farbtafel
oben: Puppenkücke mit Bad, 20er Jahre
Gehäuse (Höhe 30, Breite 69, Tiefe 34,5 cm):
Holz, Wände mit Wachstuch im Kachel-
muster, Küchenboden Linoleum. Möbel:
Holz lackiert. Wasser: Hahn (Reservoir
fehlt), Doppelspüle Porzellan. Im Bad:
Warmwasserboiler für »Gas« aus Kupfer.
Herd: Holzklotz bemalt mit Blecheinfas-
sung; bronzierter Blechtopf. Geschirr:
Porzellan

unten: Puppenküche, 20er Jahre
Gehäuse ergänzt (Höhe 39, Breite 87, Tiefe
45 cm): Kachelwände hinter dem Herd und
dem Spülbecken sowie Fenster zum Öffnen
mit Rouleau original. Möbel: Holz lackiert,
Tisch und Schrankplatte mit Zelluloid belegt. Herd: Blech lackiert für Teelichte;
Emaille-Kochgeschirr. Geschirr: Porzellan,
Keramik. Besonderes Zubehör: Waschmaschine

Puppenküche (und Kaufladen vorn),
20er Jahre
Amateurfotografie

76

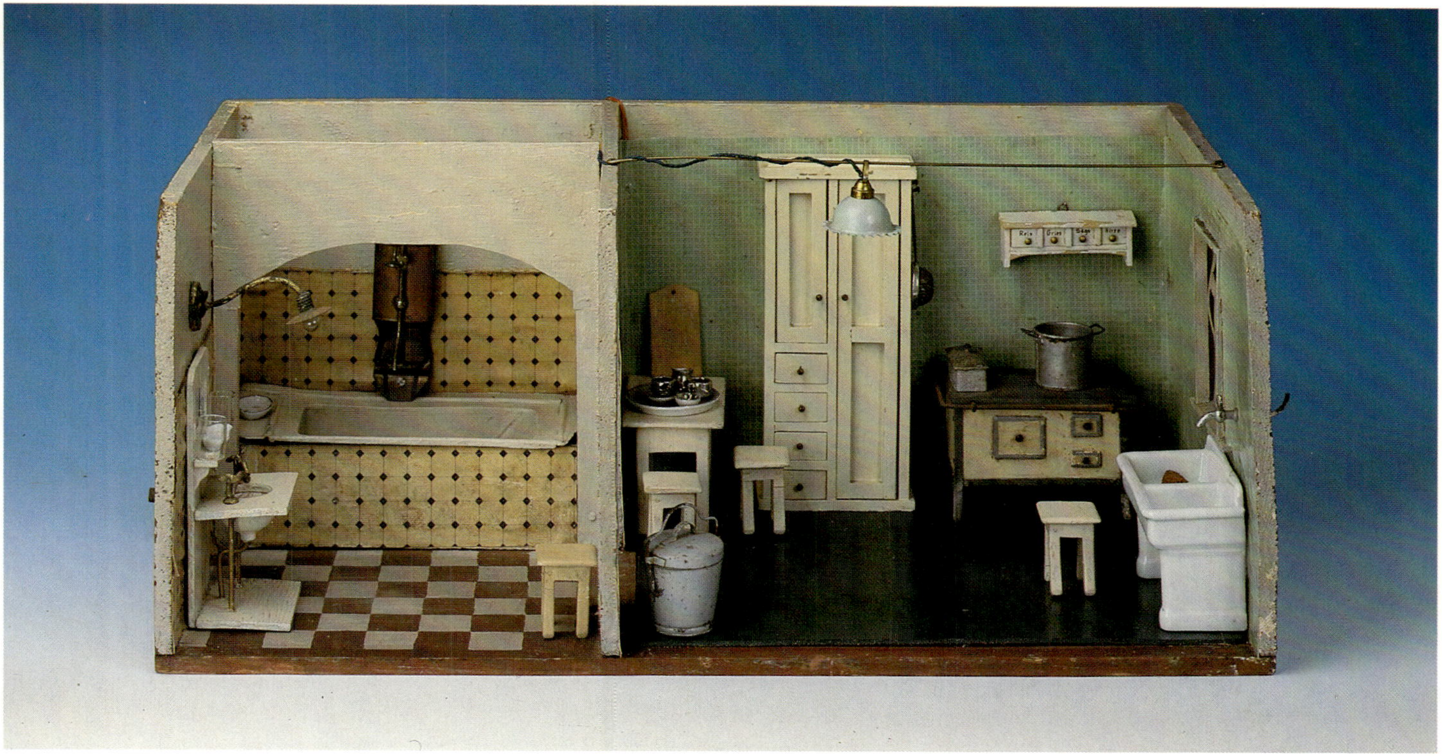

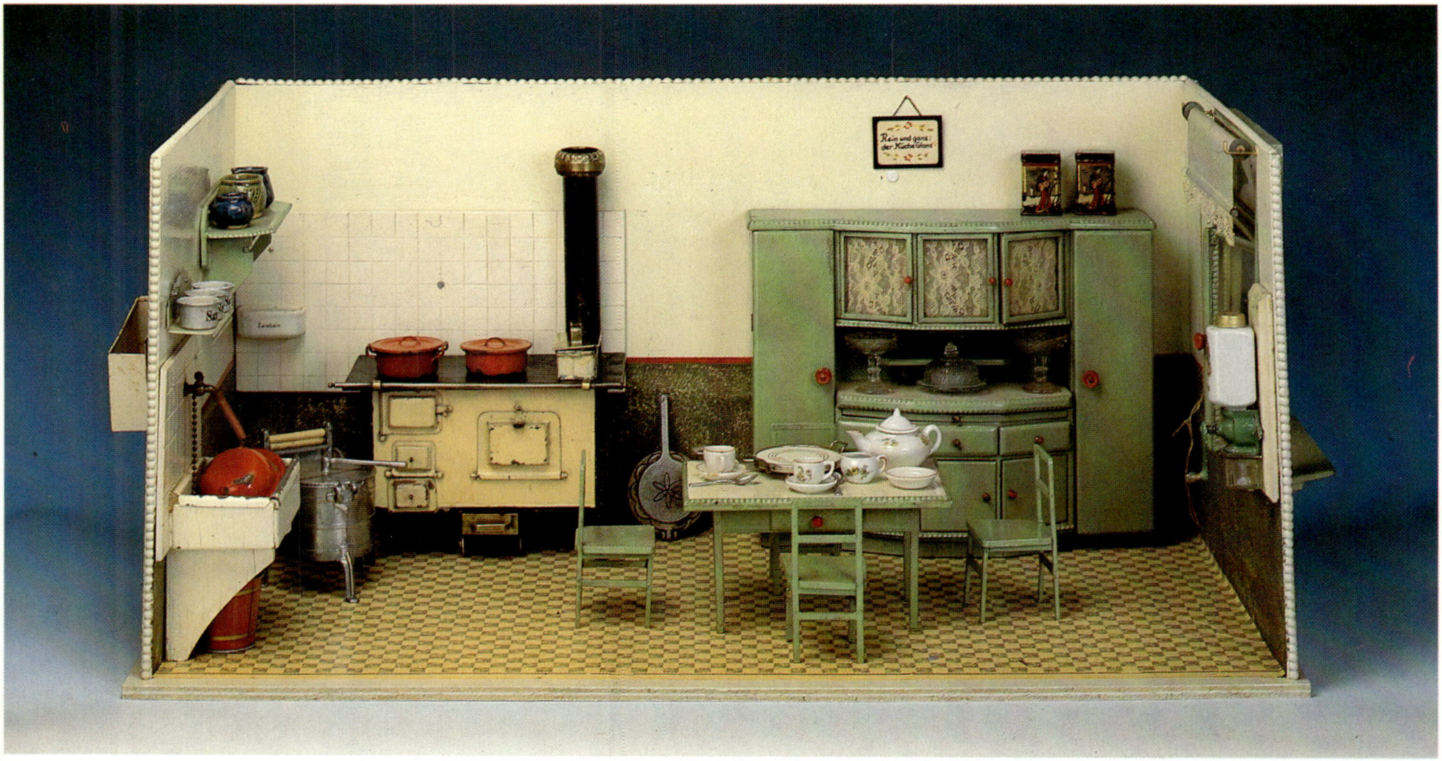
Rein und ganz:
der Küche Glanz

boiler, glatte Fronten. Alles griffbereit bzw. in Arbeitsplatznähe angeordnet. Aber im übrigen hatten fast alle Spielküchen Einrichtungen des alten Typs, das heißt einzelne Möbel, einen »richtigen« Küchenschrank, Tisch, Stühle und vielerlei Sachen an den Wänden. Vielleicht nicht nur, weil das Kind besser damit spielen konnte, sondern auch, weil die Mütter emotional der »gemütlichen« Küche ihrer Kinderzeit verbunden waren und die Puppenküche unter diesem Gesichtspunkt auswählten bzw. ausstatteten:

Unser Mädel war in noch gehobenerer Stimmung als die anderen — wenn das noch möglich war. Für sie wartete auf dem Gabentisch eine Puppenküche, eine lang ersehnte und gewünschte! Die muß ich wirklich beschreiben. Du wirst sie ja auch noch sehen, aber trotzdem, laß dir sagen, was wir aus Tante Elses alter Puppenküche gemacht haben: Also — eine helltapezierte Küche mit einem richtigen echten Fenster zum Auf- und Zumachen, an welchem sogar die duftigen Vorhänge zum Ziehen sind; möbliert mit geblümter Ottomane, Stuhl, Tisch, Bank, großem gegliederten Küchenkasten (= Schrank) und kleiner Anrichte, alles in lindgrünem Schleiflack. Sogar ein Abwaschschemel mit Spülschüssel ist dabei und ein wunderschöner Herd mit Backrohr und Wassergrandl und mehreren Herdringen auf jedem Ofenloch. Und natür-

Puppenküchenschrank, 1910/20
Holz natur, mahagonifarben gebeizt.
Geätzte Fenster mit schwarzen Leisten,
Platte mit grünem Linoleum belegt. Höhe
44 cm
(Besitz: K. Krier, Frankfurt)

Puppenküche, 30er Jahre
20. Jahrhundert

Puppenküche, 20er Jahre
Gehäuse (Höhe 43, Breite 93, Tiefe 45 cm):
Holz lackiert, Boden Linoleum. Zwei
Schiebefenster mit Gegengewichten. Möbel
weiß lackiert, Bastelarbeit. Herd: weiß
lackiert bzw. vernickelt, elektrisch, Alu-
minium-Kochtopf. Geschirr: Keramik, Por-
zellan lackiertes Blech. Besonderes Zubehör:
Schränkchen mit Blechschütten
(Historisches Museum, Frankfurt/M)

»Meine Puppenküche«, um 1925
Papier, Pappe, Ausschneidespiel.
(Verlag Josef Scholz, Mainz)
29,5 × 38,5 cm

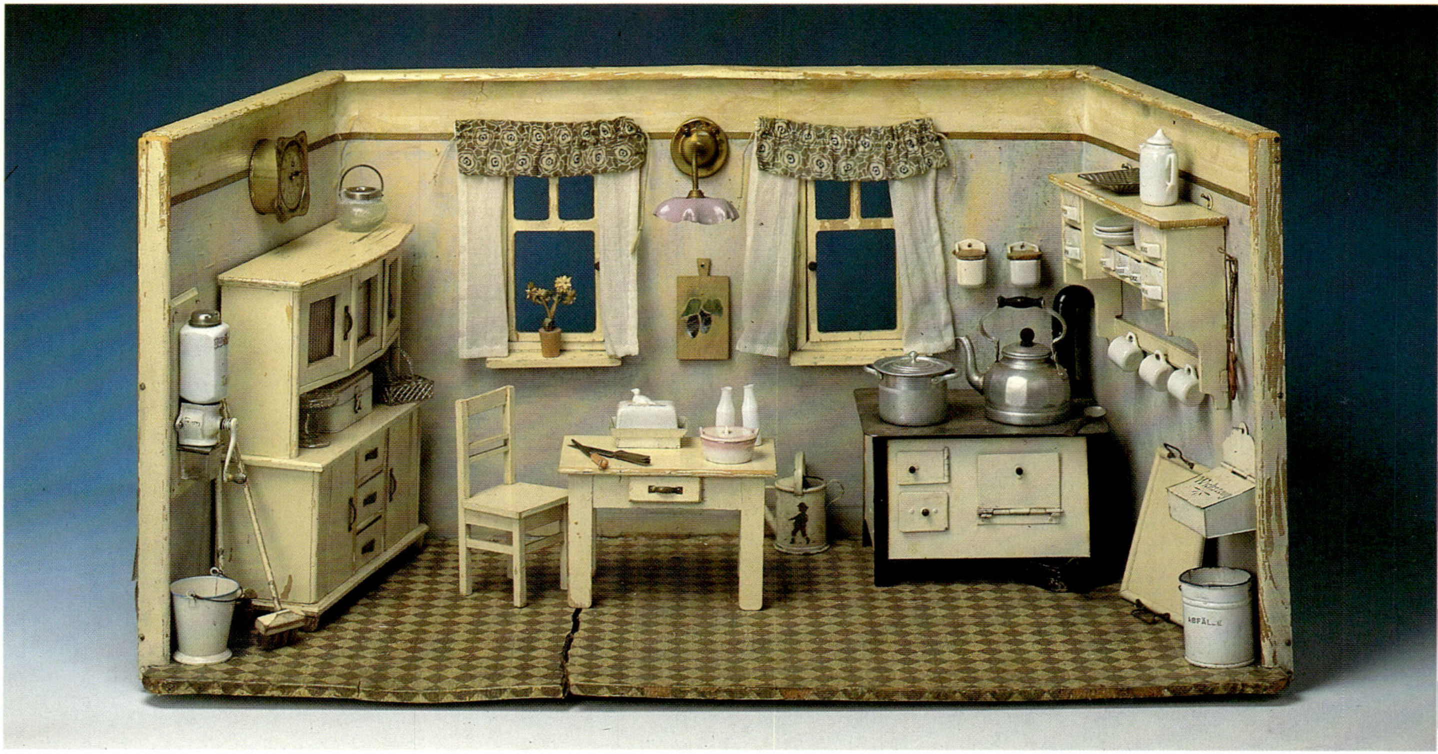

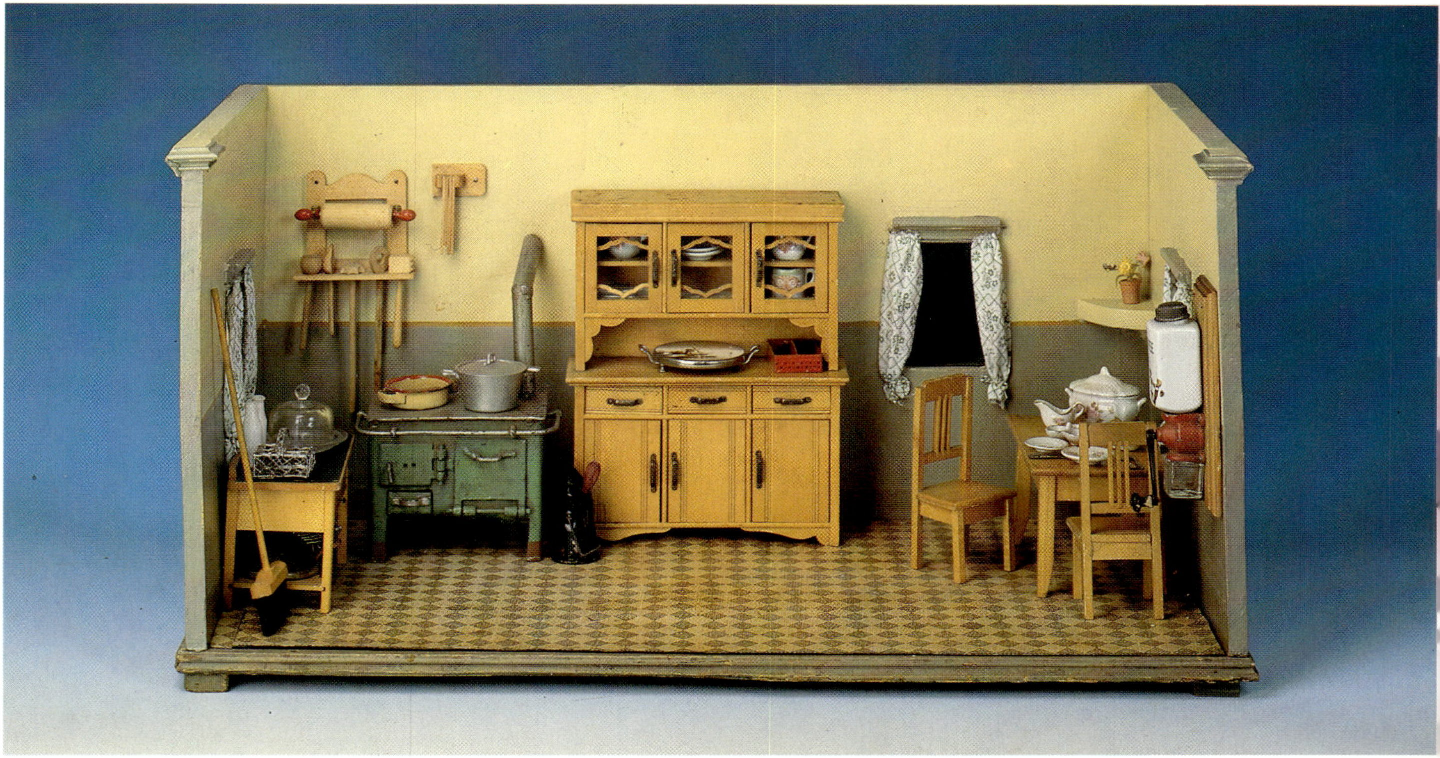

lich gibt's in den Kästen entsprechendes Geschirr und kleine Gerä-te. Die Tortenplatte auf dem Tisch sieht aus wie unsere große: blaue Zwetschgen auf einer Steingutplatte! — Vor dem Fenster stehen Blumenstöckchen und Bilder hängen im Wohneck und eine Uhr steht auf dem Kasten. (Aus dem Brief einer Mutter an ihre Freundin. München, Weihnachten 1938).

Die meisten Puppenküchen waren damals wie die hier geschilderte als Wohnküche eingerichtet mit einigen modernen Besonderhei-ten. Häufig sind beispielsweise die genannten funktionierenden Fenster mit kleinen Riegeln oder aber zeittypische Schiebefenster, fließendes Wasser und/oder ein praktischer Spültisch mit auszieh-barem Unterteil, in das zwei Schüsseln eingelassen sind, moderne Geräte wie Wandkaffeemühle, Kurbelbrotmaschine, Fleischwolf, Wecktopf oder Thermosflasche. Die Möbel, oft auch die Böden, sind zeitgemäß mit Linoleum belegt.

Den spiritusbetriebenen »Kohleherd« löste damals der spiritusbetriebene »Gasherd« ab. Der kleine funktionierende Elektroherd sah noch oft wie ein Kohleherd aus, war aber auch schon in hochmoderner Ausführung zu haben. Die Firma Gebr. Märklin, Göppingen, brachte in den 20er Jahren einen 39 cm hohen weiß emaillierten Tischherd mit seitlichen Backröhren auf den Markt, an welchem ein Kind bequem kochen konnte. Überhaupt schätzte man in einer Zeit, in der Funktionalität groß geschrieben wurde,

Puppenküche, Ende 30er Jahre
Gehäuse (Höhe 35, Breite 80 bzw. 67, Tiefe 43 cm): Holz bunt tapeziert, Boden mit Wachstuch. Möbel: Holz Schleiflack, beige; Schrank mit eingebauten Porzellanschütten. Wasser: Blechbecken mit Hahn. Herd: »Gasherd« Blech lackiert, bzw. vernickelt, für Spiritus oder Teelicht; vernickelter Blechkochtopf. Geschirr: Aluminium, Preßglas, Ton

Puppenküche, 1938
Amateurfotografie

Herd mit Rückwand, um 1935
Blech elfenbeinfarben lackiert, Aluminium-
platte, Aluminiumgeschirr. Höhe (mit
Rückwand) 21 cm

Puppen-Küchenschrank, Ende 30er Jahre
Holz, Schleiflack elfenbein mit imitiertem
Naturholz abgesetzt, »geätzte« Fenster,
eingebaute Porzellanschütten. Höhe 22,5 cm

Puppenküchen, die der Größe der Kinder angepaßt waren, so daß
sie zum Teil sogar in sie hineingehen konnten.

Die Küche im Zweiten Weltkrieg

In der Wirtschaftsplanung des NS-Regimes war die produktive Tätigkeit der Frau im Haushalt einkalkuliert: Stricken und Nähen der Kleidung für die Familie, Fertigen der Haushaltswäsche, Anbauen von Obst und Gemüse, Ernten und Einmachen und schließlich Kleintierhaltung, schien ein Weg, das »Volksvermögen« zu vermehren.

Eine gründliche hauswirtschaftliche Ausbildung und die theoretische Beschäftigung mit der Küche und ihrer Ausstattung wurden deshalb staatlich gefördert.

Der heraufbeschworene Krieg forderte dann freilich von der Frau neben der Rolle der perfekten Haushälterin auch die Rückkehr in den Beruf, da die Wirtschaft auf ihre Arbeitskraft nicht verzichten konnte.

Die Küche der Zeit war einfach und unverschnörkelt und gewisse arbeitssparende Anordnungen waren aus den 20er Jahren beibehalten worden, aber die klar durchrationalisierte Küche wurde nun nicht mehr postuliert. Vielmehr bevorzugte man die Wohnküche mit Einzelmöbeln, einem großen Tisch, möglichst mit Eckbank. Bevorzugt wurde stark gemasertes Naturholz oder Schleiflack in Elfenbein und Lindgrün, zum Teil abgesetzt mit intensivem Rot, besonders aber bäuerliche Bemalung. Aufschlußreich sind die »Ratschläge für die Aussteuer«, welche in dem 1938 erschienenen Buch *Ein Mädel will heiraten* gegeben werden: *Tausend Mark sind durch das Ehestandsdarlehen zum Grundbegriff dessen geworden, was ein junges Paar als Grundlage für seinen Hausstand braucht. Mit Hilfe des Ehestandsdarlehens* (ca. 600 RM, Anm. d. Verf.) *wird diese Summe wohl meist zu beschaffen sein. Eine hübsche gemütliche Wohnküche und ein gut gearbeitetes Schlafzimmer kann man sich dafür leisten. Die Wohnküche hat den Vorteil, daß sie im Winter eine Ersparnis an Feuerung bedeutet. Wer aber nicht in der Küche wohnen will, der richtet sich eine einfache Küche und ein Wohnschlafzimmer ein.*[22]

»Andenken an den Hundert-Gramm-Braten,
Oktober 1941«
(Kücheneinrichtung von 1934)
Amateurfotografie

Die einfachste Einrichtung der Wohnküche bei 1 000 RM Gesamtetat sah folgendermaßen aus: *Wohnküche bestehend aus Küchenschrank, Tisch und Kommode, Ruhebank mit Kissen und zwei Stühlen für 290 RM.*
Für Küchengeräte und Geschirr wurden insgesamt 165 RM veranschlagt. An Maschinen waren 1 Fleischwolf mit Reibeansatz, 1 Teller-Küchenwaage, 1 Kaffeemühle und ein Büchsenöffner eingerechnet.
In der besten Wohnungseinrichtung für 3 500 RM war eine *Wohnküche in rotem Japanlack mit elfenbeinfarbenem Schleiflack* vorgesehen. Es gehörten dazu: *1 Küchenschrank, 1 kombinierter Spül- und Arbeitstisch mit ausziehbarer Arbeitsplatte, 1 Geräteschrank, 3 Stühle mit Linoleumsitz, 1 Eckbank, 1 Eßtisch* für insgesamt 392 RM, für Küchengeschirr und Geräte sollten 545 RM ausgegeben werden; die Summe schloß unter anderem 1 Brotschneidemaschine, natürlich 1 Fleischwolf mit Zusatzteilen, 1 Küchenwaage etc, 1 Heißwassergerät, 1 Staubsauger, 1 Eisschrank und 1 Waschmaschine (Handbetrieb) ein.
Eine (solche) *funkelnagelneue Einrichtung ganz modern, das ist der Traum der meisten jungen Bräute. Muß man aber sparen, so wird sich dieser Traum nicht immer verwirklichen lassen... Unmoderne Möbel lassen sich oft ohne allzu große Kosten neu gestalten, wenn man sinnlose Verzierungen, plumpe Beschläge und überflüssige Leisten abnimmt... Am leichtesten werden sich Dielen- und Küchenmöbel aus alten Beständen beschaffen lassen. Einfache glatte Schränke werden neu gestrichen, Tische werden niedriger oder höher gemacht, je nach der Größe der jungen Frau, die daran arbeiten soll... Aus einem unmodernen Küchenschrank kann man in der Mitte ein Stück herausnehmen, so daß das Oberteil glatt auf dem Unterteil aufsitzt und der Schrank eine zweckmäßige Höhe bekommt. Man kann aber auch den unmodernen Zwischenraum durch eingebaute Glas- oder Metallschütten zweckvoll ausnützen. So kann man sich mit der Losung »Neues aus Altem« in vieler Hinsicht helfen.*[23]
»Sich helfen« mußten natürlich erst recht diejenigen Jahrgänge, die während des Krieges heirateten, denn auch Möbel gab es damals nur noch auf Bezugsscheine. Nach dem »Endsieg« freilich

sollte dem Einzelnen keine Wahl mehr bleiben, nicht einmal, was seine Küche betraf: Einem Führererlaß vom 15. November 1940 zufolge sollten im ersten Baujahr nach dem Krieg 300 000 Wohnungen überwiegend für junge Ehepaare bezugsfertig werden. Ihre Ausstattung war bereits vorgeplant. In *Schönheit des Wohnens,* 1941 von der Deutschen Arbeitsfront herausgegeben, heißt es einleitend:

. . . das Problem der Heimgestaltung (wird) *von der Dynamik der nationalsozialistischen Weltanschauung erfaßt. Nicht mehr Mode oder Zufälligkeiten eines »persönlichen Geschmacks« sind dabei die entscheidenden Faktoren, sondern die Tatsache, daß die Ausstattung einer Wohnung, der Hausrat, im höchsten Sinne Kulturgut des Volkes ist, das in seinem Gebrauchswert allen neuzeitlichen Ansprüchen und kulturellen Bedürfnissen unserer Rasse Rechnung zu tragen hat . . .*

Es wird der Augenblick kommen, wo eben nur noch »Deutscher Hausrat« erhältlich ist und alle modischen Entgleisungen wegen der durch sie verursachten Vergeudung an Arbeitskraft und Material ihr Erscheinen einstellen müssen![24]

Farbtafel
oben: Puppenküche, 30er Jahre
Gehäuse (Höhe 49, Breite 109, Tiefe 54 cm): zusammenklappbar: Holz, Wand tapeziert, Boden Linoleum, Fenster zum Öffnen. Möbel: Holz, Schleiflack, mit imitiertem Naturholz abgesetzt, geätzte Fenster, Wasser: Flaches Reservoir in der rechten Wand eingelassen, Becken mit Wasserhahn. Spültisch mit drehbarer »Schublade«. »Gasherd«: Blech, für Spiritus, auf Blechtisch, lackiert, Aluminium-Kochgeschirr u. a. »Küchenwunder« und Wecktopf. Geschirr: Porzellan-Vorratsdosen und -kaffeegeschirr, Bunzlautöpfe. Besonderes Zubehör: Fleischwolf, Brotschneidemaschine, Thermosflasche

unten: Puppenküche, 40er Jahre
Gehäuse (Höhe 26, Breite 75,5, Tiefe 37 cm): Holz lackiert. Zwei Fenster. Möbel: In bäuerlichem Stil bemalt. Herd: Blech, Türen aufgemalt, handgearbeitet; Kochgeschirr aus Blech. Geschirr: Keramik des WHW

Küche, um 1940
Amateurfoto
(Fotoarchiv E. Maas, Frankfurt/M)

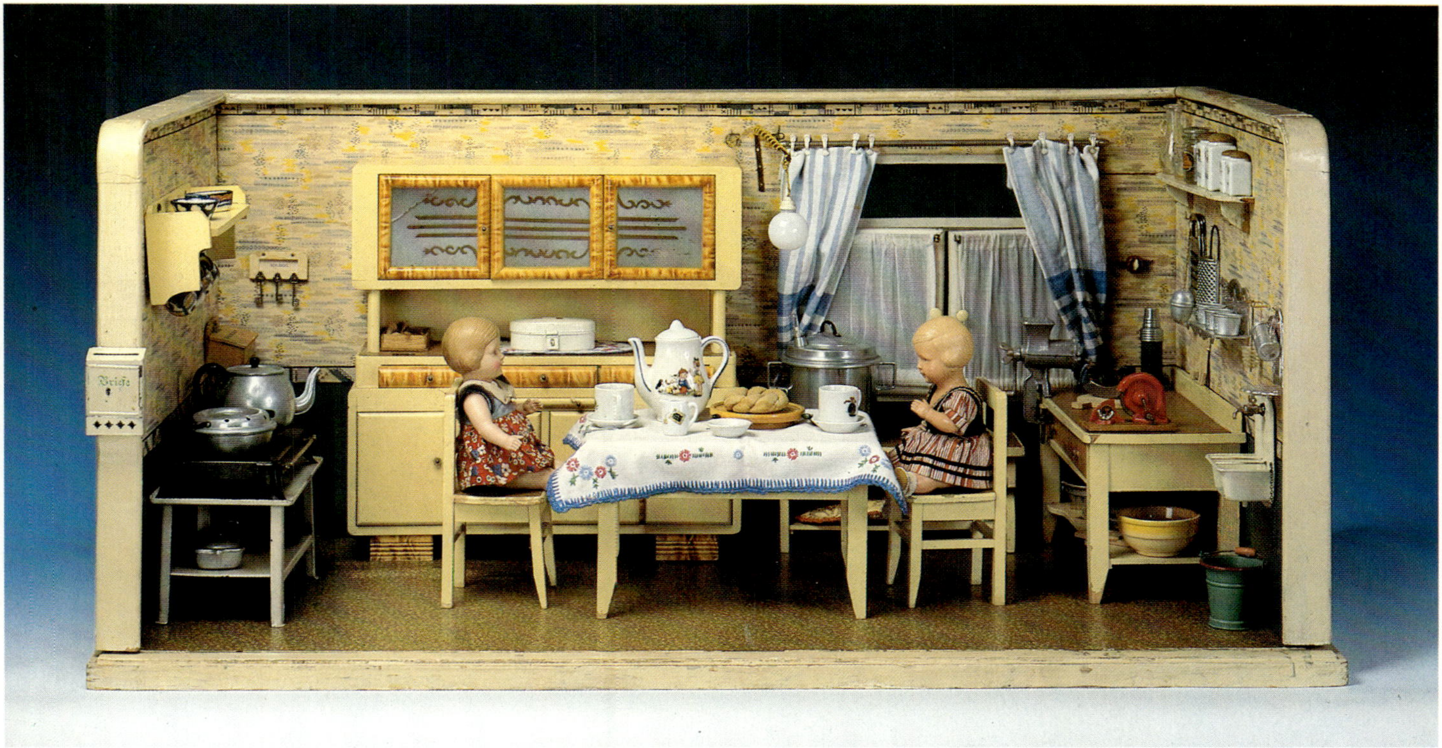
Briefe

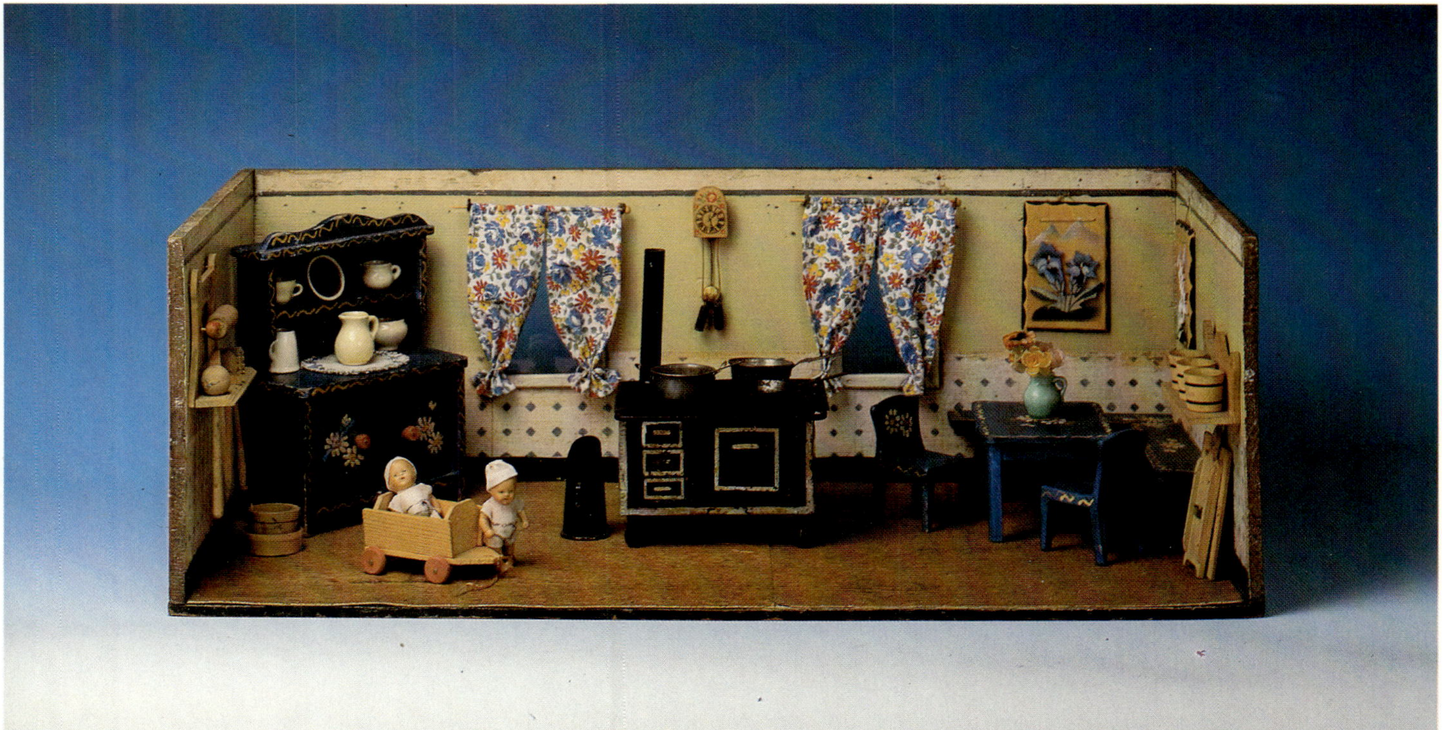

Puppenküchen im Zweiten Weltkrieg

Für Kinder der Kriegszeit wurden in Deutschland — wie in der großen Küche — alte Bestände, soweit vorhanden, hervorgeholt und modernisiert oder aber auch Holzreste für Bastelarbeiten verwendet; denn es gab immer weniger zu kaufen. Schließlich wurde das Selbermachen zur einzigen Möglichkeit, Kindern etwas zu schenken, als nämlich die Reichsstelle Glas, Keramik und Holzverarbeitung im März 1943 ein Herstellungsverbot für Spielzeug erließ.[25]

Es fehlte nicht an Bastelanleitungen in Frauen- und Familienzeitschriften. Ein Modeblatt machte beispielsweise um 1940 in seiner Vorweihnachtsnummer folgenden Vorschlag: *. . . Wenn alles ausgesägt, zusammengeleimt und gut ausgetrocknet ist, gehen wir an die Uebermalung der einzelnen Gegenstände: Schrank, Tisch, Bank und Stühle wirken ganz besonders hübsch, wenn sie kobalt- oder kornblumenblau angestrichen werden. In leuchtenden Farben setzen wir auch die entsprechende Bemalung auf: Kränze und Bordüren. Den Herd halten wir ziegelrot, mit weißen Strichen zur Markierung der einzelnen Ziegelsteine.* Diese hier beschriebene Bauernküche hatte einen Herd für offenes Feuer, über welchem große Messingkessel im Rauchfang hingen, und eine Wasserbank mit zwei Kannen. Die Idealisierung und Romantisierung des Bäuerlichen war zeittypisch.

Neben diesen bemalten Küchen kommen mit zunehmendem Farbmangel einfache rohe Holzküchen mit wenigen Blümchen in stumpfen Farben (Plaka) auf.

Verschiedentlich sind die Kriegsküchen mit Keramiktöpfchen eingerichtet in Creme, Rotbraun oder Lindgrün, die im Januar 1940 in Magdeburg-Anhalt und im Januar 1942 in Süd-Hannover in der Reichs-Straßensammlung des Winterhilfswerks verkauft wurden. (Abb. S. 130)

Bauernpuppenküche, um 1940
Bastelanleitung in einer Handarbeitszeit-
schrift

Einbauküche der Firma Poggenpohl aus
den 50er Jahren des 20. Jahrhunderts
(Foto: Poggenpohl, Herford)

Die moderne Küche

Die allerersten Küchen der Nachkriegszeit waren Behelfsküchen mit allerlei Geräten, die man sich selbst aus Weißblech bastelte oder aus restlichen Beständen der Heereszeugämter organisierte. Da das Geld nichts wert war, hielten die Geschäftsleute noch vorhandene Ware zurück. Erst nach der Währungsreform 1948 tauchten alte Küchenbüfetts und Herde der 30er/40er Jahre in den Läden auf. Sie stammten nicht nur aus gehorteten Beständen, sondern wurden zunächst auch noch im alten Stil und in alten Formen neu produziert.

Möbellager u. a. mit Küchenmöbeln, 1949
Foto Kamolz

Küchenherde und Öfen, 1949
Foto Kamolz

Mit dem Aufschwung der Wirtschaft in den beginnenden 50er
Jahren entwickelte sich dann der »moderne« Küchentyp. Er hat
einerseits Einflüsse aus Amerika aufgenommen, hat sich andererseits auch sehr deutlich an die Küche der Reformjahre zwischen
1925 und den frühen 30ern angeschlossen, denn nach dem zweiten
Weltkrieg herrschte wie nach dem ersten erhebliche Wohnungsnot. Der kleine ganz auf Funktion ausgerichtete Küchentyp der
20er entsprach daher auch dem Bedarf der 50er Jahre. Die Errun-
genschaften der damaligen Zeit, Zweckmäßigkeit in der Anordnung der Möbel, praktische Einbauten, Mechanisierung und Elektrifizierung der Küchengeräte konnten nun auch für eine breitere
Bevölkerungsschicht Wirklichkeit werden, langsamer allerdings,
als man erwarten mag. Das Versandhaus Neckermann in Frank-
furt/M bot noch 1957/58 verschiedene altmodische naturlasierte

92

Kücheneinrichtungen an mit Bufett, Tisch, Truhenbank und Stühlen, Putzschränkchen, Handtuchhalter und Spültisch, belegt mit Linoleum in *braun / gelb, granit.* Aber es wurden auch schon erste Küchenbüfetts im *Schwedenstil* in pastelligen Farbkombinationen *taubengrau / zartrosa / elfenbein* mit Schiebetüren, durchgehender Fußleiste und kunststoffbeschichteten Arbeitsflächen angeboten sowie eine *moderne Anbauküche — Zeit und Kraft sparend.* 1960/61 treten die braunen Holzmöbel zurück hinter den Anbauküchen mit Kunststoff-Front *im Wohnstil unserer Zeit* mit abgeschrägten Hängeschränken, einer Leiste von Vorratsschütten darunter und unauffällig integrierten Großgeräten, wie Kühlschrank und Herd. Drei Jahre später gibt es nur noch ein einziges braunes Büfett im Angebot. Die *Neue Küche* mit grifflosen Fronten in rein Weiß, die Mitte der 50er Jahre bereits von allen führenden Küchenherstellern produziert wurde, hat sich nun mit einiger Verzögerung im Versandhaus *für alle* durchgesetzt. Auch die zunächst sehr teuren Geräte, Mixer, Küchenmaschinen, Wäscheschleudern und Waschmaschinen begannen zur Selbstverständlichkeit zu werden.

Die weiter perfektionierte und systematisierte Küche bekam Laborcharakter. Aber schon in den 60er Jahren begann man die Strenge der Technik wieder mit Farben zu mildern; später kamen Holzimitationen auf und schließlich *rustikale Küchen* mit üppigen Echtholzprofilen. Und heute kommen Dinge, die man vor 60 Jahren hinter Türen verbannt hatte, um sie vor Staub und Fettdunst zu schützen, wieder hervor, hängen an den Wänden, stehen auf den Schränken. *Die Küche aus Großmutters Zeit* mit alten und nachgemachten Geräten beschwört verlorene Wärme und Geborgenheit. Auf elektrische Küchenmaschinen und moderne Großgeräte wird freilich nicht mehr verzichtet. *Absolut unauffällig* versteckt hinter altväterlichen Fronten sind Kühl- und -gefrierschrank, Spülmaschine, Herd, Backröhre, Grillgerät und allerlei hochmoderne Küchengeräte.

Das Bedürfnis nach dem »*Zusammenhocken*« beim Kochen und Essen, vorgelebt von jungen Leuten in Wohngemeinschaften, hat der Wohnküche wieder Zukunft gegeben.

Die moderne Puppenküche

In den ersten Nachkriegsjahren war man froh über kleine unscheinbare Puppenherde und Möbelchen aus Weißblech oder Aluminium, mit schwarzen, dunkelgrauen, beigen und stumpfen Rottönen bemalt. Geschickte Leute hatten in Bastlermanier mit Materialien alter Heeresbestände kleine Produktionsstätten aufgebaut. Der Stil dieser kleinen Einzelteile entsprach meist noch den 30er/40er Jahren. Auch als die industrielle Produktion wieder anlief, wurden zunächst alte Modelle, für welche noch Vorlagen, Formen und Werkzeuge vorhanden waren, gebaut.
Komplette Küchen gab es zunächst kaum. Erst in den frühen 50er Jahren wurden winzige Holzküchen produziert. Zur gleichen Zeit

Farbtafel
Puppenküche, um 1950
im Stil der Reformküchen der 30er Jahre.
Gehäuse (Höhe 32,5, Breite 64, Tiefe 34,5 cm): Holz mit Kacheltapeten. Möbel Schleiflack, verschiedenfarbige Glasschiebefenster. Wasser: Boiler mit Doppelspüle und Unterschrank. Herd: Blech, lackiert, handgearbeitet — elektrisch. Besonderes Zubehör: Eisschrank Porzellan/Holzdeckel

Puppenküche, 50er Jahre
Anklang an die 20er Jahre. Typisch für die 50er: Abgeschrägte Hängeschränke mit untergesetzten Schütten, E-Herd mit durchgehender Bodenleiste, durchgehende Arbeitsplatte mit integrierter Spüle. Gehäuse: Holz, zusammenklappbar, mit schwarz/weißem Kacheldekor tapeziert. Möbel elfenbein, Schleiflack, Privatbesitz
(Foto: Gerd Schroth, Frankfurt/M)

Puppenküche, frühe 50er Jahre
Gehäuse (Teil einer Doppelstube, Höhe 21,
Breite 34,5, Tiefe 30 cm): Holz lindgrün
und hellgelb tapeziert. Möbel: Holz natur,
Fenster Zelluloid mit eloxierten Streben.
Imitierte »Nirosta«-Spüle. Geschirr: Plastik

Puppen-Kochgeschirr, um 1948
Aluminiumguß, Höhe des hinteren
Topfes 3,5 cm

kamen auch die ersten »modernen« Blechherdchen, -möbel und
Geräte auf. Sie waren meistens elfenbeinfarben, teilweise mehr-
farbig bedruckt. So gab es beispielsweise auf den Herdtüren die
farbigen Bilder von gebratenen Hühnchen bzw. Backwaren, oder
an der Wand hinter der Spüle ein aufgedrucktes Fenster mit Land-
schaft und Küchenvorhang. Moderne Geräte, wie Waschmaschinen, Wäscheschleudern, Grillgeräte wurden nun auch im Puppen-
küchenformat produziert. Die Kombination all dieser Einzelteile,
des »Elektroherdes« (mit Hartspiritusbetrieb), der Spüle mit Boiler und der Hänge- und Unterschränke zur »Küchenzeile« war eine logische in der großen Küche bereits vorgelebte Entwicklung.
Diese platzsparende flache Küche ist die moderne Form der Puppenküche schlechthin geworden. Ausnahmen bildeten natürlich

Elektroherd, 50er Jahre 20. Jahrhundert
Aluminium, beige/schwarz gestrichen,
handgearbeitet. Höhe 10,2 cm

»Küchenzeile« aus einer Puppenküche der 50er Jahre; Holz, mit Schiebetüren, hellgelb/zartrosa lackiert, Höhe 14 cm

die winzigen Puppenküchen in den kleinen Puppenhäusern jener Tage, und Ende der 60er Jahre die *Legoküche.* Die Funktion der Küche, das Kochen, spielt hier keine Rolle. Im Baukastensystem lassen sich Schrankteile mit beweglichen Türen, Regalteile, Herd und Spüle beliebig zu einer modernen Anbauküche zusammenfügen.

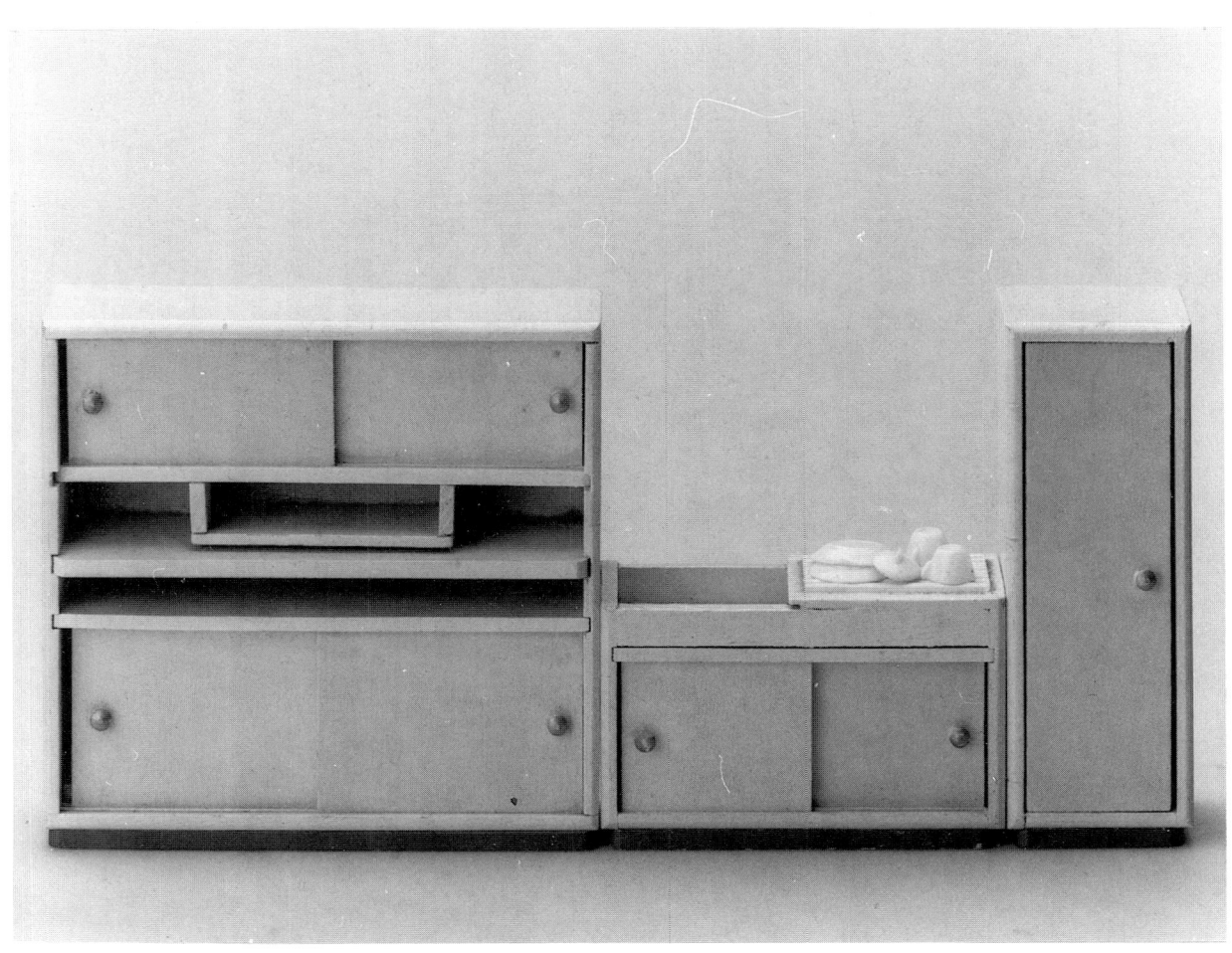

Puppen-Küchenzeile, um 1970
Rückwand mit Dunstabzughaube und
Boiler. Blech, starkfarbig mit überwiegen-
den Orangetönen bedruckt. »Elektroherd«
für Esbit. Geschirr: Aluminium-Kochtopf
und Schöpfergarnitur. Schüsselsatz und
Kochtopf an der Rückwand sind aufge-
druckt, genauso wie in den Unterschränken
bunte Geschirre, Gänsebraten usw.
Von der Spielwarenfirma Schopper für die
Küchenfirma Bauknecht produziert,
Höhe 28 cm

Teile eines Puppen-Kaffeeservices, um 1960
Porzellan mit Abziehbildern. Höhe der
Kanne 11 cm

Puppenküchen-Spüle, um 1970
Blech, Rückwand farbig bedruckt mit
Kacheln und Scheinfenster. Höhe 29,5 cm
(Plastikboiler und Abtropfkorb Fa. Crails-
heimer)
(Fa. Martin Fuchs, Zirndorf bei Nürnberg)

oben links: Herd, 50er Jahre 20. Jahrhundert
Blech elfenbein mit blauen Linien, Backröhre mit Backgut bedruckt. Blech- und
Aluminiumgeschirr, Höhe (mit Rückwand)
21 cm

oben Mitte: Puppen-Küchenschrank,
50er Jahre
Blech geprägt, Zelluloid-Schiebefenster.
Höhe 20 cm

oben rechts: »Elektroherd«, 50er Jahre
20. Jahrhundert
Blech geprägt, weiß/schwarz mit roten
Blechschaltern und Plastikgriffen, Uhr,
Aluminiumgeschirr; für Esbit, Höhe (mit
Rückwand) 18,5 cm

unten: Drehbarer Grill, funkensprühend,
50er Jahre; Blech, teilweise rot lackiert,
Räder bunt bedruckt, Braten und Hähnchen aus Masse. Höhe 18 cm
(Fa. Martin Fuchs, Zirndorf bei Nürnberg)

Das Kochen hat sich ganz aus der Puppenküche in Mutters große Küche verlagert. Viele Kinder dürfen schon früh am großen Herd »Bonbons« oder ähnliche gute Dinge kochen, manchmal auch für die ganze Familie richtige Kuchen backen.

Außerdem gibt es relativ großes Küchengerät, mit dem das Kind etwas anfangen kann. 1977 bietet ein großes deutsches Versandhaus einen fast 1 m hohen *Kinderküchenschrank mit Spüle, richtig funktionierendem Wasserhahn und Regal, 58 DM* an, einen 2-Platten-Elektroherd *Zum Kochen und Brutzeln* und einen Elektroherd mit 2 Kochplatten und Backröhre *funktionierend wie ein großer! Getrennt schaltbar, 220 Volt, 150 Watt, VDE geprüft. Sicherheitsthermostat, Sichtfenster, Schukozuleitung, rostfreie Kochplatten, ca. 18 × 21 × 23 cm groß.* Außerdem kann man batteriebetriebene Handmixer, funktionierende Kaffee-Automaten und wie eh und je Backgarnituren als *echtes Spiel- und Lernsortiment* kaufen.

Lego-Puppenküche, um 1970
Höhe des Küchenschranks 8 cm

Die alte Idee, das Kind spielerisch auf seine spätere Rolle im Leben einzuüben, ist wohl geblieben, aber zeitgemäß hat sich der Schwerpunkt verlagert. Geht man durch die Spielwarenabteilungen der Kaufhäuser, so wird deutlich, wie wenig von solchen »hausfraulichen« Spielzeugen im Vergleich zur Fülle anderer Spielsachen angeboten werden. Den Wünschen der meisten Mädchen entspricht heute im Bereich der Puppen mehr ein *Frisiersalon, in welchem man Strähnchen färben kann,* oder eine *Schmuckboutique für Barbie.*

Die berufstätige selbständige Frau, die den Haushalt mit Hilfe von Geräten nebenbei meistert, nicht die Vollhausfrau ist Leitbild. So können Puppenküchen heute keine Konjunktur haben. Neue Trends zeichnen sich vielleicht in den *Nostalgie-Puppenküchen* ab, die Großmutters Küche imitieren; das heißt eigentlich ist es Urgroßmutters Küche, die hier nachgeahmt wird.

Farbtafel
oben: Puppenküche, Anfang 30er Jahre mit zwei Einrichtungen.
Gehäuse (Höhe 44, Breite 118,5 bzw. 102, Tiefe 42,5 cm): Holz lackiert mit Linoleumboden, zwei Fenster zum Öffnen. Möbel: Naturholz mit Linoleum belegt. Herd: elektrisch, Blech lackiert und vernickelt; Kochgeschirr vernickelt. Geschirr: Porzellan. Besonderes Zubehör: Gestickte Deckchen, Überhandtuch mit Spruch

unten: Einrichtung 60er Jahre
Gehäuse (siehe oben) wurde für die Tochter neu eingerichtet. Möbel: Holz lackiert mit Kunststoffolie belegt. Herd: Blech, Tür des Backrohrs bedruckt, für Esbit; Aluminium-Kochgeschirr. Geschirr: Porzellan mit Abziehbildern. Besonderes Zubehör: Wäscheschleuder, Blech lackiert mit Kupfertrommel, Waschmaschine mit Handkurbel, Kühlschrank

Puppenküchen-Modell, 1982
Alfa-System-Küchen, Wiesbaden
(Foto: Gerd Schroth, Frankfurt/M)

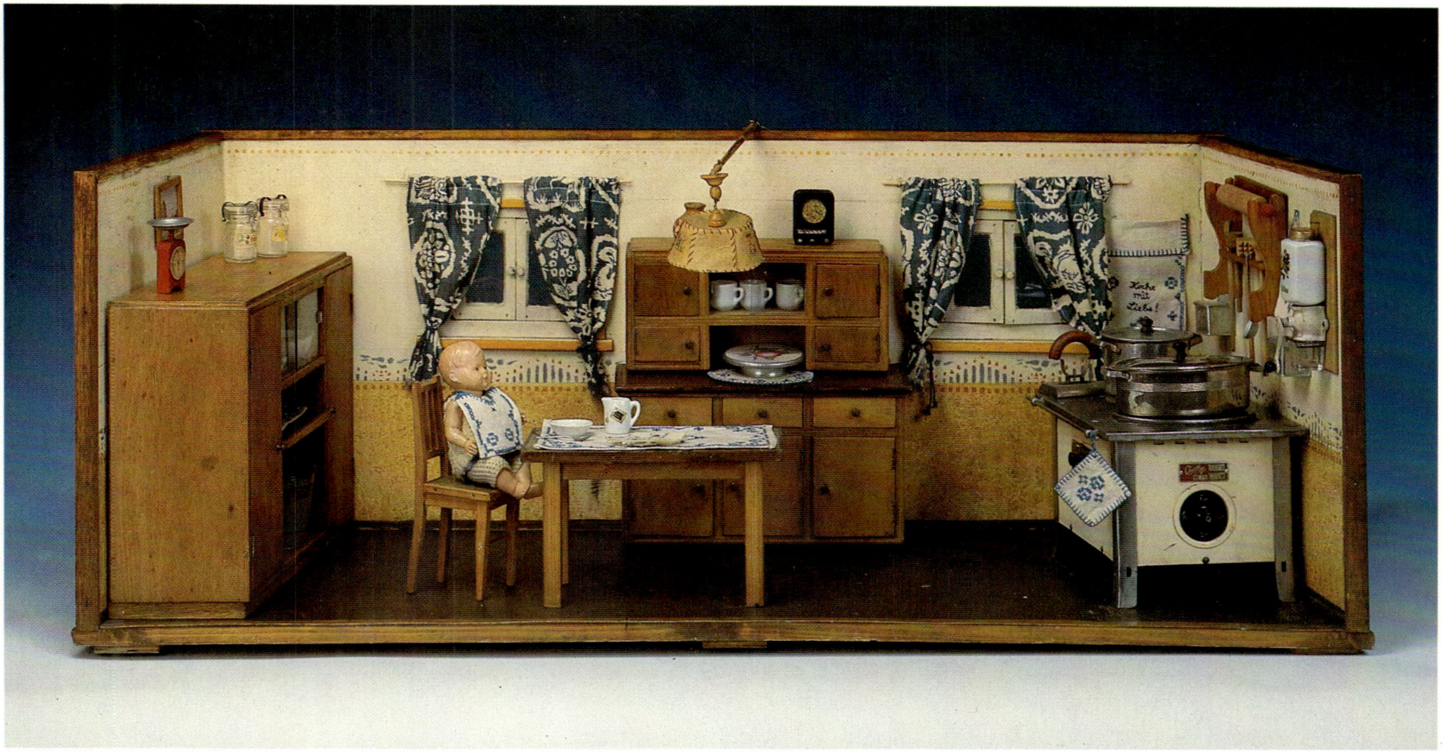
Koche mit Liebe!

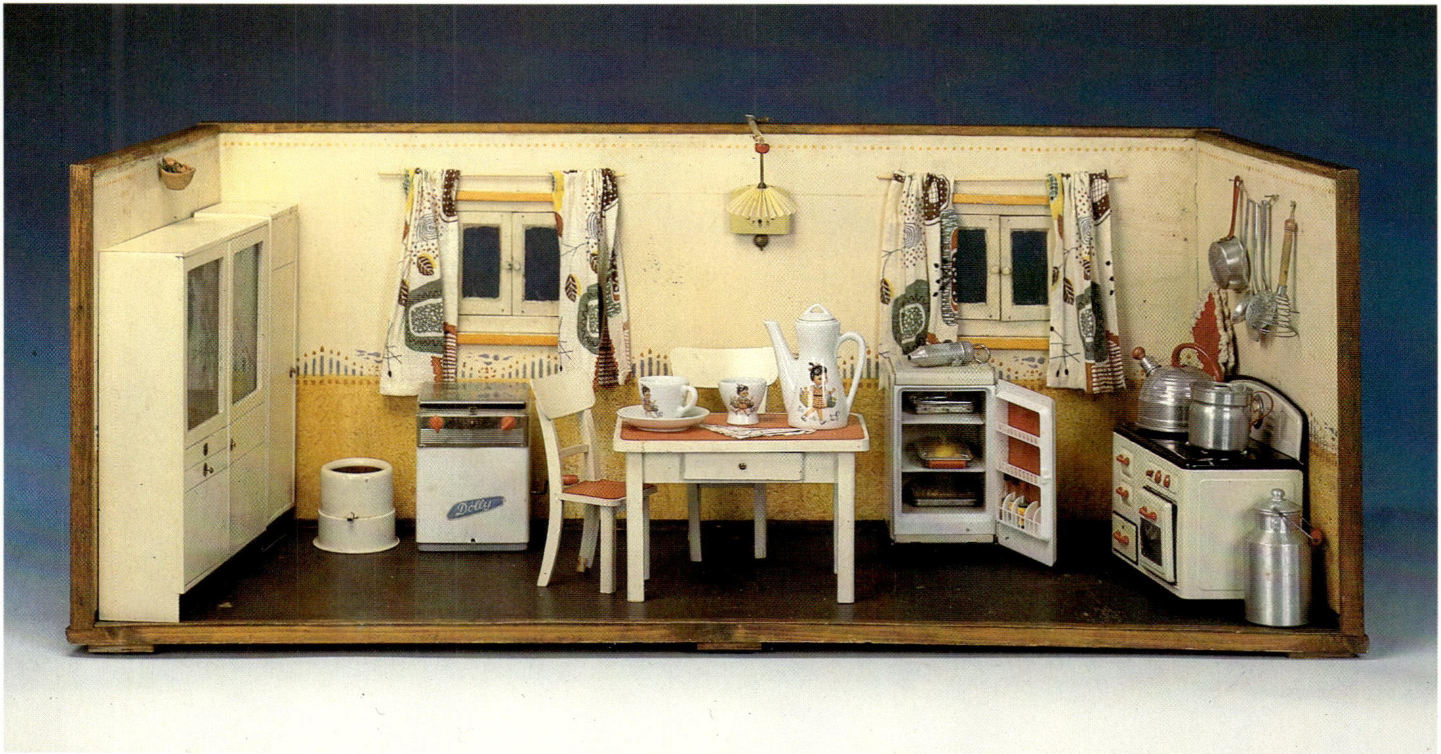
Dolly

Die Speisekammer

Der kühle Keller war früher Aufbewahrungsort für alle wärme-
empfindlichen Vorräte. Hier wurden neben den für den Winter
eingelagerten Kartoffeln, neben den Wurzelgemüsen im Sand und
den Äpfeln und Winterbirnen in den Holzregalen auch die einge-
machten Dinge verwahrt, Sauerkraut, Gewürz- und Salzgurken,
Preiselbeeren und Essigzwetschgen in grau-blauen Steinzeugtöp-
fen, Eier (in Wasserglas eingelegt) und Schmalz in braunen Bunzlauer Geschirren. Aber auch frische Speisen wurden mit Käse- und
Fliegenglocken oder Stofftüchern abgedeckt in den Keller gestellt,
denn nur wenige Haushalte hatten eine Speisekammer.
Erst in den 70er Jahren des 19. Jahrhunderts, als in den Städten
die großen Mietshäuser gebaut wurden und die kleinen Keller der
einzelnen Parteien nur noch für Holz und Kohlen ausreichten,
konnte man ohne Speisekammer kaum noch auskommen. Im
Grundriß der großzügigen Wohnung war die Speisekammer ge-
räumig und meist neben der Küche nach Norden gelegen, in klei-
neren Wohnungen war sie nur ein winziges Kämmerchen.
Auch den Puppenküchen hat man ab dieser Zeit zunehmend ein
Speisekämmerchen angebaut. Die Einrichtung war einfach: Ein
Schrank mit Schubladen, Regale, eventuell ein Tisch, ein Leiter-
stuhl, Eierschränkchen oder -ständer, Einmachgläser, Steinzeug-
und Porzellantöpfe, Flaschen, Vorratsbehälter aller Art, auch für
Essig, Öl und Petroleum.
In Thüringen stand hier auch das große zusammenklappbare
Holzgestell zum Auskühlen der flachen runden Kuchen.
Meistens gab es einen Vorratsspind mit Fliegengaze oder wenig-
stens eine Fliegenglocke und fast immer kleine Leinensäckchen
zum luftigen Aufhängen getrockneter Tees, Pilze oder Früchte.
In den »besseren« Speisekammern stand — im kleinen wie im gro-
ßen — der Eisschrank. Sein Fassungsvermögen war trotz äußerer
Größe gering, denn viel Platz ging verloren für den eingehängten

Farbtafel
Speisekammer, um 1858
aus dem Nachlaß der »Lullu« Röder, ver-
heiratete Lorey, Frankfurt/M. Gehäuse
(Höhe 42, Breite 78, Tiefe 51 cm): Holz,
ursprünglich rotbraun, um 1910 elfenbein/
hellblau bemalt. Besonderes Zubehör: Mund-
geblasene Marmeladengläser und Flaschen,
Vorratstöpfe aus Porzellan, Leinensäckchen
mit aufgestickter Beschriftung. Essenträger
und Zuckerbrecher links, Steinzeugtöpfe
(Historisches Museum, Frankfurt/M)

Puppenküche mit Speisekammer, 1899
(Herz & Ehrlich, Breslau)

»Rex-Vorratskocher« für Kinder, um 1910
(Bild rechts) Höhe des Topfes 18 cm
(Historisches Museum, Frankfurt/M)

Zinkkasten mit Natureisblöcken und für die zur Isolierung nötigen dicken Außenwände.

Selbst in den Puppenküchen funktionierten diese Eisschränke mit einem Stückchen Eis.

Im Laufe des 19. Jahrhunderts ging die Vorratshaltung allmählich vom Privathaushalt auf den Händler über. Im heutigen Stadthaushalt, der nicht einmal mehr die bis nach dem zweiten Weltkrieg allgemein übliche Einkellerung von Kartoffeln kennt, und in welchem meist nur noch der Wochen- oder sogar Tagesbedarf eingekauft wird, hat diese Entwicklung ihren vorläufigen Höhepunkt gefunden. Die modernen kleinen Wohnungen haben natürlich längst keine Speisekammern mehr — auch aus den Puppenküchen der 20er Jahre waren sie bereits verschwunden — Kühlschrank und Gefriertruhe haben sie ersetzt.

Diese Kühlschränke, welche die alten Eisschränke ablösten und mit Hilfe eines Kühlmittels und Energie (Kohle! Gas, Elektrizität) selbst Kälte erzeugen konnten, waren schon Ende des 19. Jahrhunderts erfunden worden. In den Haushalten Amerikas hat man sie bereits 1916/17 eingeführt, in Deutschland in den 20er Jahren.[26] Für Puppenküchen wurden moderne Kühlschränke erst in den 50er Jahren produziert. Sie waren in der Form perfekt, hatten ein Abtaufach, Einlegeroste, Türfächer und selbst Innenbeleuchtung, aber im Gegensatz zu den alten Eisschränken funktionierten sie nicht.

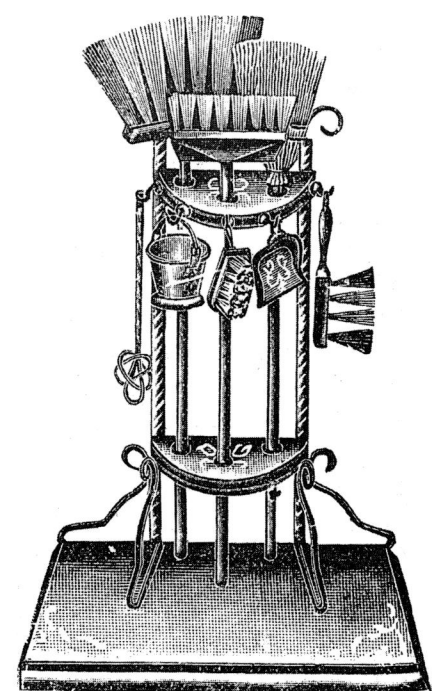

Besenständer, um 1913
(Borho, Baden-Baden)

Eine wichtige Erfindung für die häusliche Vorratshaltung, die inzwischen selbst im Kinderzimmer zur Selbstverständlichkeit geworden ist, war auch das *Einwecken*. Der Wecktopf ist um 1895 von Johann Weck, Ölfingen in Baden erfunden worden, beruhte jedoch auf älteren Erkenntnissen.

Der Wecksche Einkochapparat war ein so großer Erfolg, daß bereits 1910/20 der Topf mit dem dazugehörigen Einsatz, den Gläsern, Klammern und dem Thermometer von anderen Firmen nachgeahmt und bereits damals als Kinder-Einkochapparat auf den Markt gebracht wurde.

Petroleumapparat, um 1913
(Katalog: H. Borho, Baden-Baden)

Farbtafel
Geräte in der Speisekammer um 1900
von links nach rechts: Petroleummeß-
apparat, Blech lackiert, Gestell zum Auskühlen von Fladenkuchen (Slg. Blömer,
Frankfurt/M), Fliegenschrank und Speise-
glocke, Eisschrank mit Flaschen, Blech-
lackiert (Slg. Blömer, Frankfurt/M), Eierständer (Slg. Blömer, Frankfurt/M); Höhe
des Kuchengestells 29,5 cm

Küchenschrank, komplett eingerichtet,
um 1913
(Borho, Baden-Baden)

Wer hat Puppenküchen gemacht?

Die Hersteller von Puppenküchen sind meist unbekannt. Puppenküchen sind nicht gemarkt und auch über Kataloge nur schwer zu
identifizieren. Eine Ausnahme bilden die Blechküchen der renom-
mierten Blechspielwarenfabrikanten, da ihre Kataloge in großem
Umfang nachgedruckt worden sind. Aber gerade anhand des An-
gebots einer solchen Firma, wie z. B. der Gebr. Märklin, Göppingen, kann man die Schwierigkeit der Zuordnung deutlich machen.
Die Gebrüder Märklin boten nämlich neben Blechküchen auch
Küchen aus Holz an. Letztere sind kaum in der eigenen Firma
produziert worden. Wurden sie aus dem Programm eines holzver-
arbeitenden Spielzeugproduzenten übernommen? Oder sind sie
nach den Angaben der Gebrüder Märklin speziell angefertigt?
Welche Firmen waren die Hersteller?

Das große Fragezeichen bleibt. Wie Märklin, so haben auch andere Firmen Fremdartikel in ihr Verkaufsprogramm aufgenommen.
Das ging so weit, daß nicht nur solche Artikel, die der eigene Betrieb nicht herstellte, übernommen wurden, sondern auch solche,
welche bei anderen Produzenten billiger waren als sie in der eigenen Firma kalkuliert werden konnten. Das heißt, die Fabrikanten
waren gleichzeitig Verleger für die Ware anderer Firmen. Wenn
nun selbst Hersteller-Kataloge nicht immer ganz eindeutig sind, so
kann man sich denken, daß aus einem Händlerkatalog die Produzenten noch viel weniger ermittelt werden können.

Zum Hersteller führen Kataloge, die ausdrücklich auf eigene Ware verweisen oder anhand der Firmengeschichte zugewiesen werden können; außerdem Inserate, in denen eigene Ware angeprie-
sen wird. Quellen sind auch Arbeiten aus der Wirtschaftswissen-
schaft, die sich im ausgehenden 19. und in den ersten Jahrzehnten
des 20. Jahrhunderts ausführlich mit der Hausindustrie im allgemeinen und der Spielzeugindustrie im besonderen befaßt haben.

Reklame der Nürnberger Metallwarenfabrik
Gebrüder Bing in einer Hausfrauenzeitschrift, um 1890

rechts oben: Holzküche, 1895
(Märklin 1, S. 102)

rechts unten: Puppenküche, um 1913
(Borho, Baden-Baden)

110

Die Hersteller von Holzküchen

Neben der Serienproduktion durch die Spielwarenindustrie haben immer auch Eltern und Kinder selbst Puppenküchen aus Holz gebastelt. Es gab jedenfalls in Hausfrauen- und Familienzeitschriften und in Beschäftigungsbüchern für Kinder vielfältige Arbeitsanleitungen.

In größerem Umfang kamen Puppenküchen aus dem Nürnberger Großraum und dem Erzgebirge. Bei Hieronimus Bestelmeier, Nürnberg 1803 und in Nürnberger Musterbüchern von der Mitte des 19. Jahrhunderts sind verschiedentlich Puppenküchen aus Holz abgebildet und ein Fabrikant aus Fürth bei Nürnberg, Jacob Seyfried stellte auf der Deutschen Gewerbe-Ausstellung in Berlin 1844 ein ganzes *Möbel-Assortiment von Holz* aus.[27]

Damals hat man Puppenküchen noch oft beim Handwerker machen lassen. Auch kleinere fabrikmäßig aufgezogene Handwerksbetriebe scheint es vor allem in Süddeutschland in vielen Städten gegeben zu haben. Als Beispiel sei August Götzinger in Merseburg genannt, der 1843 *In eigener Fabrik Küchen ohne Geschirr, doch sonst mit aller Einrichtung, 14-18 Zoll, St. 15.-20 gr* angeboten hat; außerdem Küchen gleicher Art, *20-28 Zoll groß mit Frontspitze, Säulen und Verzierungen von aufgelegter Masse, in den großen auch Glasschränke, auch mit Füßen, St. 1 Th. bis 1 Th. 20 gr.*[28] In Nürnberg hat beispielsweise — für 1906 belegt — Carl Bierhals Puppenküchen produziert.

Das Zentrum der Holzpuppenküchen-Macher sind seit langem die Orte um Grünhainichen, insbesondere Eppendorf im Erzgebirge. Im Führer durch die Sächsisch-Thüringische Exportindustrie, Dresden, annoncierten 1897 drei Eppendorfer Firmen ausdrücklich Puppenküchen bzw. Möbel: Richter & Wittich, Paul Leonhardt, und Lehnert & Co. Um 1911 machten 14 Betriebe dieses Ortes hauptsächlich Puppenküchengehäuse und -möbel.[29]

Künstlerisch anspruchsvolle Spielsachen, die im Rahmen der Reformbewegung und eines veränderten ästhetischen Bewußtseins

»Püppchens Küche«, Bastelanleitung in einer Hausfrauenzeitschrift von 1923

Holzküche, 1895
(Märklin 1, S. 102)

Puppenküche, 1899
(Herz & Ehrlich, Breslau)

der Zeit um 1900 den Geschmack der Kinder zu beeinflußen suchten, wurden in verschiedenen Werkstätten produziert. Zu ihnen gehörte die Holzspielwaren-Fabrik, Großzolbersdorf/Sachsen, die sogenanntes *Dresdner Spielzeug* nach Künstlerentwürfen produzierte, darunter 1910 auch eine kleine hochmodern anmutende Küche mit glatten Flächen und sparsamer Einrichtung[30], außerdem die *Hessische Spielwaren-Manufaktur,* gegründet von dem Architekten Conrad Sutter, welche zur Ostermesse 1914 in Leipzig u. a. Puppenküchen ausstellte.[31]

In den ersten Jahren nach dem zweiten Weltkrieg legte die Spielwarenindustrie zunächst ihre alten Modelle aus der Zeit vor dem Krieg neu auf. Kurz nach der Währungsreform (1948) wurde bereits die erste *Deutsche Spielwarenmesse* in Nürnberg veranstaltet, auf der Firmen, wie Herbert Leonhardt KG, Wallenfels/Ofr. und Fritz Altmann, Bad Driburg/Westf., zunächst noch überwiegend in Holz und Schleiflack gearbeitete Küchen anboten. An Zubehör wurde neben Aluminium und Blech aber auch schon Plastik produziert.

Puppenküchen in verschiedenen Größen,
Mitte 19. Jahrhundert
(Nürnberger Spielzeugkatalog)

Die Hersteller von Blechküchen

Um die Mitte des 19. Jahrhunderts und später hat die Firma Rock & Graner in Biberach an der Riß Blechküchen hergestellt. Für diesen Betrieb arbeitete auch Gottfried Striebel, in dessen schön koloriertem Musterbuch aus der gleichen Zeit eine Blechküche mit mauerartig bemaltem Herd unter einem großen Rauchfang, mit Hühnerställchen und allerlei Geschirr abgebildet ist.[32] In den 50er/60er Jahren entstanden auch in Nürnberg wunderschöne Musterbücher, die Blechküchen im Angebot hatten.

Blechküche und Blechherde, 1850/60
(Nürnberger Musterbücher, S. 41)

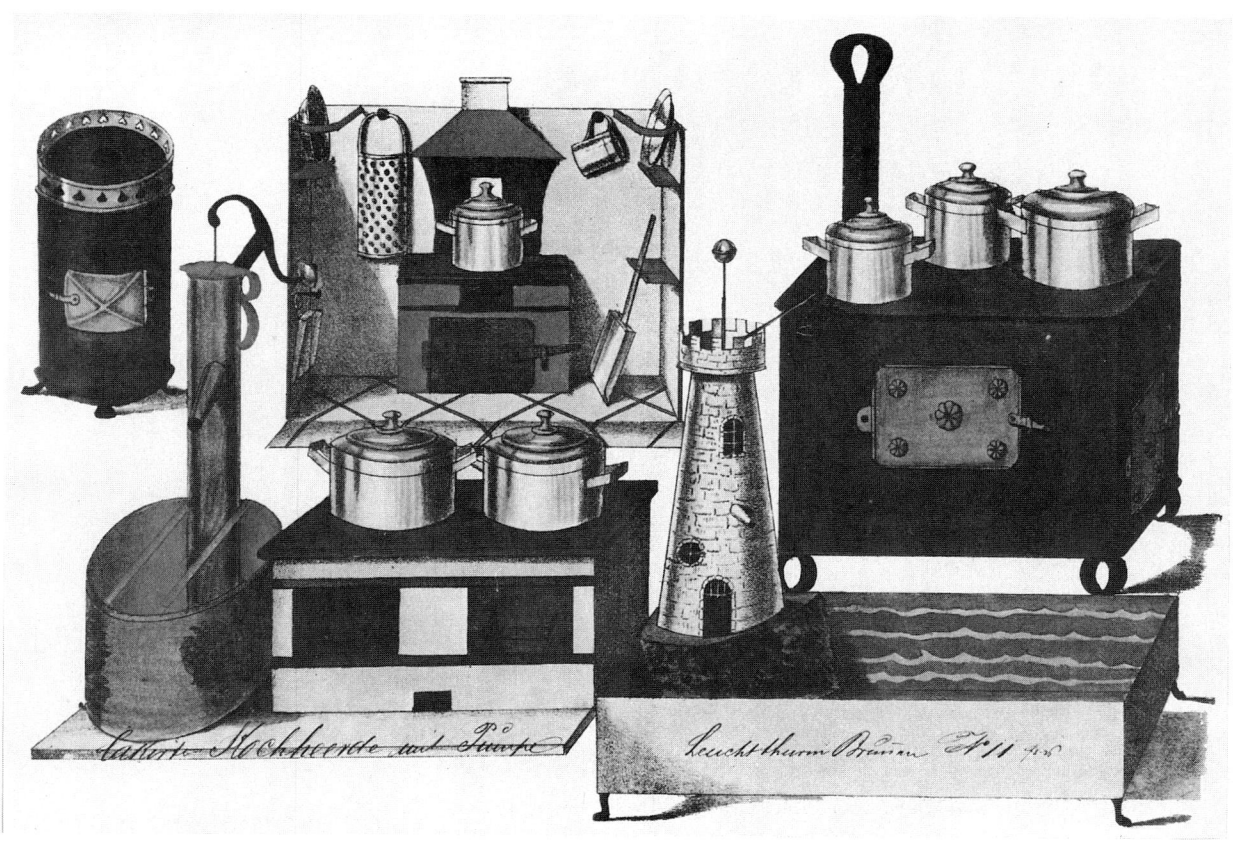

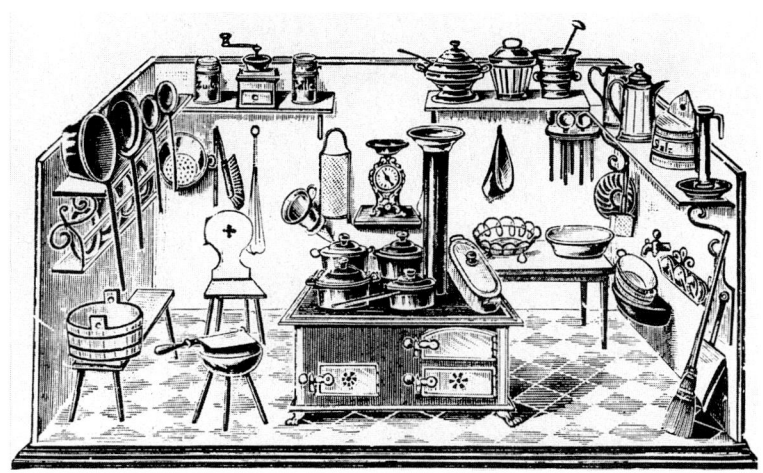

Blechküche, 1895 ⇨
(Märklin 1, S. 223)

Blechküche, 1895
(Märklin 1, S. 223)

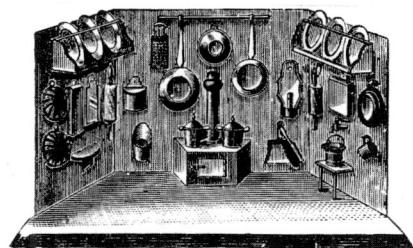

Puppenküche
(Stukenbrok, Einbeck, 1912, S. 131)

Blechküche, lackiert, vollständig eingerichtet
(Moko, Nürnberg 1928-30, S. 2164)

In Württemberg und der Gegend um Nürnberg/Fürth saßen ja im 19. Jahrhundert die meisten und wichtigsten Hersteller von Blechspielzeug und damit auch von Puppenküchen aus Blech. Auf der Weltausstellung in Wien 1873 traten außer der Fa. Rock & Graner, Biberach, und der Berliner Fa. C. Martins nur zwei Firmen mit ihrer Ware aus Blech hervor, zu der auch Puppenküchen bzw. Zubehör gehörten, und das waren Fürther, die Firma C. Henglein und die Firma Ph. Wüstendörfer. Nicht zu vergessen ist die Nürnberger Metallwarenfabrik Gebrüder Bing.

Übrigens hat auch die durch ihre Eisenbahnen berühmt gewordene Göppinger Firma Märklin in ihren Anfängen 1859 Spielwaren für die Puppenküche produziert, und als 1888 die Gebrüder Märklin die Firma übernahmen, machten auch sie zunächst Ausstattungen für Kinderküchen und Kochherde. Im Hauptkatalog von 1895 — Eisenbahnen und Blechfahrzeuge spielten nun bereits eine große Rolle — bot Märklin *Küchen, Weißblech lackiert mit Einrichtung und Wasserleitung* an und *Küchen zusammenlegbar, mit Wasserleitung, ohne Einrichtung.*

Die Blechspielwarenfabrik Clemens Kreher, Marienburg in Sachsen ist 1897 im Führer durch die sächsisch-thüringische Export-

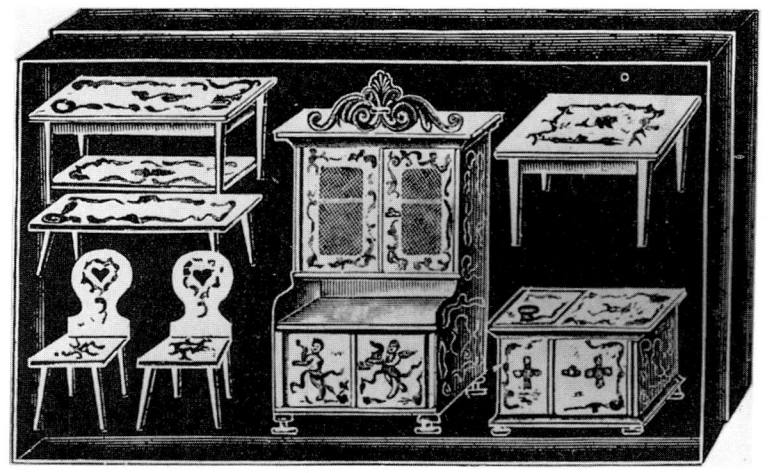

»Kücheneinrichtung, Blech weiß lackiert«
(Ullmann & Engelmann, Nürnberg, um
1900, S. 2597)

industrie mit *Kinder-Kochherden, stumpfkantigem Hausgerät*
und *Küchen* vertreten.

Die Firmen Ullmann & Engelmann, Fürth, hatten 1901 Küchen-
Einrichtungen aus Blech und Moses Kohnstam, Nürnberg, noch
1928-30 eine kleine flache und eine größere Blechküche vom Typ
Märklin im Programm.

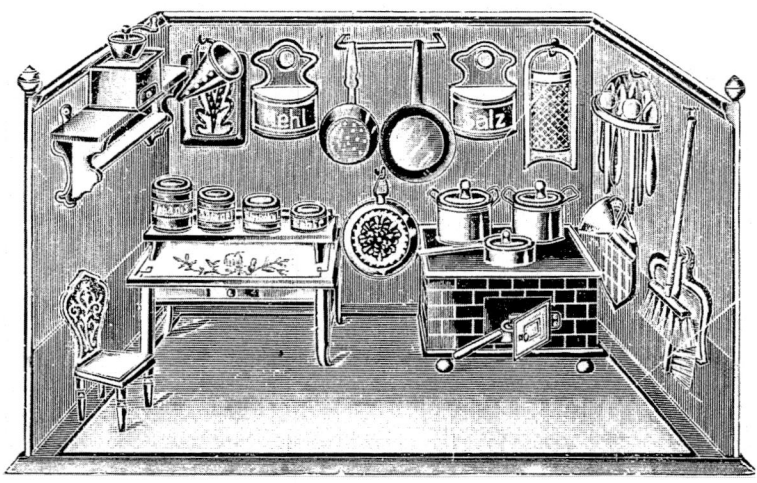

Blech-Puppenküche, fein lackiert, mit Holz-
möbeln eingerichtet
(Moko, Nürnberg 1928-30, S. 2164)

Puppenküche, um 1900
Gehäuse zugeordnet (Höhe 30, Breite 52, Tiefe 38 cm): Holz farbig lackiert, Einzelanfertigung. 2 geätzte Fenster. Möbel: Blech, lithografisch bedruckt in heller Holzmaserung mit Küchensprüchen in Schwarz. Schrank mit Fliegengitter. Herd: Schwarzblech messingfarbene Tür und Löwenfüße, Weißblechkochtöpfe mit Messingdeckeln

Nach dem zweiten Weltkrieg machte Kindler & Briel (Kibri) in Böblingen neben Puppenherden auch Spültische. Am meisten Verbreitung fand damals wohl das moderne Angebot der Firma Martin Fuchs (MFZ) in Zirndorf bei Nürnberg mit Blechkücheneinrichtungen aller Art.

117

Der Vertrieb

Der Vertrieb der Puppenküchen erfolgte wie beim übrigen Spielzeug über die Verleger, die vor allem in Nürnberg saßen, aber auch über die jährlichen Messen und über die großen Ausstellungen des 19. Jahrhunderts — von der Gewerbe- bis zur Weltausstellung.

Die Endverbraucher, die Eltern und das Kind, sahen und kauften das Spielzeug beim Spielwarenhändler und fanden — vor allem in der Vorweihnachtszeit — auch in den Inseraten der Familienzeitschriften und nicht zu vergessen in den Katalogen der Versandhäuser verlockende Angebote. Führend waren in Deutschland Mey & Edlich in Plagwitz / Leipzig, das Warenhaus A. Wertheim in Berlin und das Versandhaus August Stukenbrok in Einbeck.

Kochherd-Verpackung »mit größter Raumersparnis«
(Moko, Nürnberg 1928-30, S. 2165)

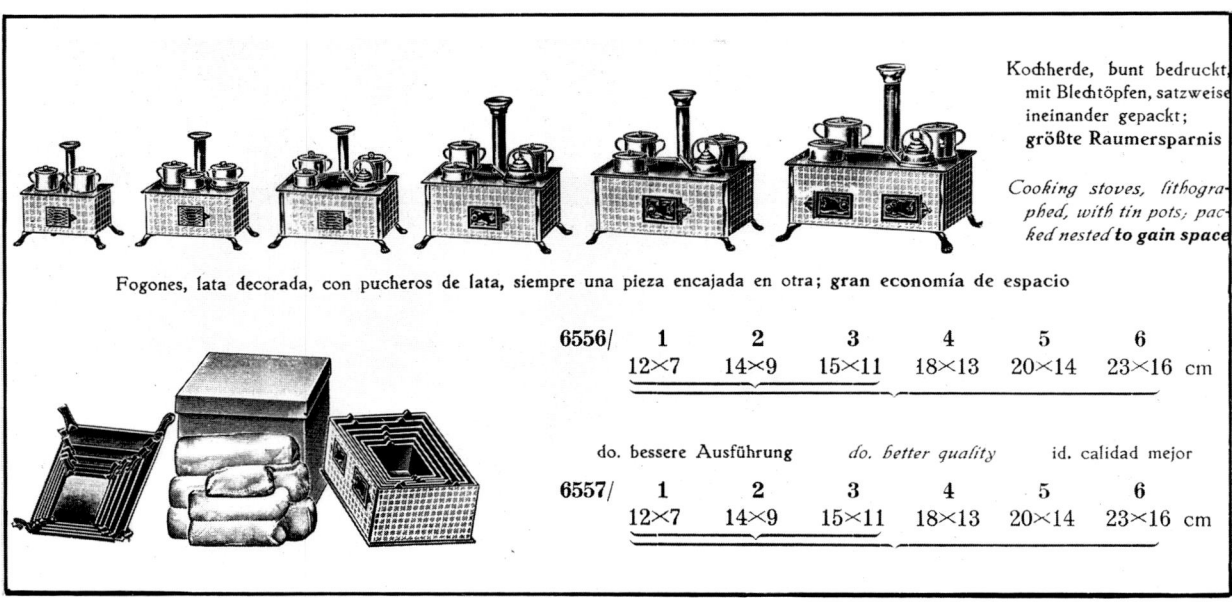

Kochherde, bunt bedruckt, mit Blechtöpfen, satzweise ineinander gepackt; größte Raumersparnis

*Cooking stoves, lithographed, with tin pots; packed nested **to gain space***

Fogones, lata decorada, con pucheros de lata, siempre una pieza encajada en otra; gran economía de espacio

6556/	1	2	3	4	5	6
	12×7	14×9	15×11	18×13	20×14	23×16 cm

do. bessere Ausführung   *do. better quality*   id. calidad mejor

6557/	1	2	3	4	5	6
	12×7	14×9	15×11	18×13	20×14	23×16 cm

Kiste mit einem Spielzeug-Sortiment (Printemps, Paris 1891-92)

Puppenküchen,
die nicht aus Deutschland kamen

Farbtafel
Französische Puppenküche um 1910
Gehäuse (Höhe 37,5, Breite 40,5, Tiefe
13 cm): Holz, Tapete im Kachel- bzw.
Ziegelmuster, Wachstuchborten. Wasser:
Spülbecken. Herd: Holz. Geschirr: Blech
mit Spiritusfarben überzogen

Die einzelnen, nicht in Puppenhäusern integrierten Puppenküchen, um die es hier geht, scheinen hauptsächlich in süddeutschen Spielzeugzentren produziert worden zu sein. Die Betonung liegt auf hauptsächlich, denn es hat durchaus auch in anderen Ländern eine eigene Produktion gegeben, zumindest für den eigenen Bedarf in kleinerem Umfang.

Die französischen Puppenküchen hatten sogar eine über den regionalen Gebrauch weit hinausgehende Bedeutung. Sie wurden vielfach exportiert. Übrigens existiert von dem berühmten Pariser Kaufhaus *Magasins du Printemps* eine Spielzeug-Preisliste von 1891 für die Skandinavischen Länder. Sie enthält außer wunderschön in Koffern und Schachteln aufgemachtem Geschirr auch Puppenherde und zwei kleine Blechpuppenküchen.

Holzküche
(La Samaritaine, Paris 1909)

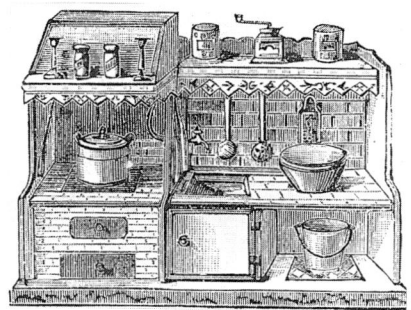

Holzküche
(La Ville de Saint-Denis, Paris 1914)

Holzküche
(La Samaritaine, Paris 1914)

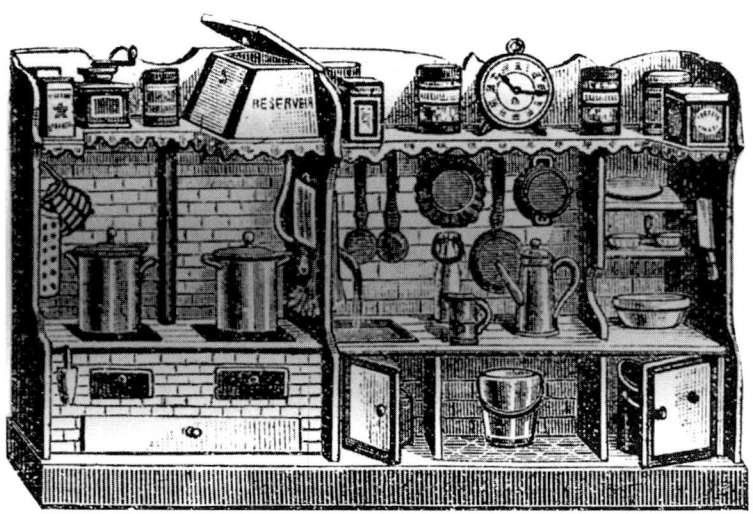

Das hervorstechendste Merkmal dieser französischen Küchen, auch der hölzernen, ist ihre Kleinheit. Sie sind flach wie ein Schrank und dienten beim Versand gleichzeitig als Verpackung. Manchmal waren die Geschirre in den Holzküchen wie auf den

Puppenküche englischen Typs in einem Spielwarenladen
Illustration eines Kinderbuchs »The wonder of a Toyshop«, um 1835

Pappkartons durch vorgebohrte Löcher aufgenäht. Die Ausstattung war einfach bis primitiv, die kleinen gestanzten Blechgeschirre mit buntem Spirituslack überzogen.

Die Puppenküchen des englischsprachigen Raums, der Niederlande und zum Teil auch Norddeutschlands sind nicht alle über den Nürnberger Spielwarenhandel bezogen worden. Sie unterscheiden sich oft recht deutlich von den in Süddeutschland produzierten vor allem durch den andersartigen Herd. In diesen Küchen gibt es nämlich seltener den seitlich offenen Herd unter dem an der Rückwand befestigten Rauchfang, häufiger ist der sogenannte Schwibbogenherd mit seitlichen Mauern, auf denen der Rauchfang vorne meist einen Bogen bildend ruht. Ein Herd dieser Art ist in der Puppenküche der Altonaer Familie Schmarje im Altonaer Museum in Hamburg genauso zu sehen wie in niederländischen oder englischen Puppenhäusern. Ein in England um 1835 erschienenes Buch, *The Wonders of a Toyshop* zeigt eine Puppenküche mit derartigem Herd. Die schweizerischen Puppenküchen unterscheiden sich ebenfalls nicht so sehr durch Mobiliar und Gerät von den süddeutschen, vielmehr ist auch hier die Herdkonstruktion eine andere. Der Rauchfang in der Mitte der Rückwand oder übereck gleicht hier durchaus den deutschen, der Herd selbst hat jedoch eine besondere Form: Auf einem wie allgemein üblich gemauerten Sockel mit ausgespartem Raum für den Holzvorrat ist — von vorn und von den Seiten ein Stück zurücktretend — ein kleinerer Herd aufgemauert mit kleinen offenen Bogen zum Feuer anmachen. Die Deckplatte darüber weist Löcher zum Einhängen der Töpfe auf.

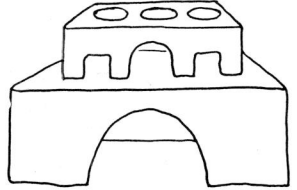

Blechküche
(Printemps, Paris 1891-92)

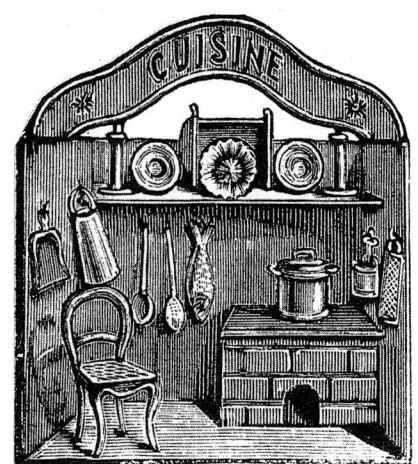

Blechküche mit Zubehör
(Printemps, Paris 1891-92)

123

Was in einer Puppenküche
alles sein konnte

»Hausrat« ist alles, was in Küche und Haushalt gebraucht wird; das sind die Kochtöpfe und Porzellangeschirre, die Geräte und Maschinen genauso wie das Putzzeug und der Herd.

Zunächst soll von Speise- und Kochgeschirren für Puppen die Rede sein. Sie glichen im allgemeinen den großen und wurden meistens auch von denselben Firmen hergestellt. Sie wurden aus den unterschiedlichsten Materialien gemacht, denn im großen Haushalt konnte man viele Gerichte angeblich nur in ganz bestimmten Töpfen kochen. In Regeln, die in vielen Kochbüchern einleitend zitiert werden, wird das so begründet:

Für Milchreis verwende man irdene Geschirre, die »hell« kochen und nicht so leicht anbrennen. Kartoffeln und Hülsenfrüche koche man nicht in Eisengeschirren, weil sie darin schwärzlich werden und hart bleiben.

Fische gare man am besten in emaillierten, auf jedenfall unbeschädigten Töpfen.

Sauerbraten und Sauerkraut koche man keinesfalls in Kupfer- oder Messinggeschirren, aber auch nicht in irdenen Töpfen mit Bleiglasur, weil Säure giftige Salze lösen kann.

Irdenware, Fayence, Steingut, Steinzeug, Porzellan, Glas, Holz, Kupfer, Messing, Zinn, Blech, Emaille und Aluminium werden in den nachfolgenden Kapiteln abgehandelt. Auch ausgefallenere Metalle, die allerdings nicht gesondert aufgeführt werden, hat es für die Puppenküche gegeben; zum Beispiel Schmiede- und Gußeisen, Nickel und Zink, außerdem Legierungen wie Brittania und Neusilber, die vor allem für Bestecke verwendet wurden.

Zu erwähnen bleiben noch die Edelstahlgeschirre, die in den 20er

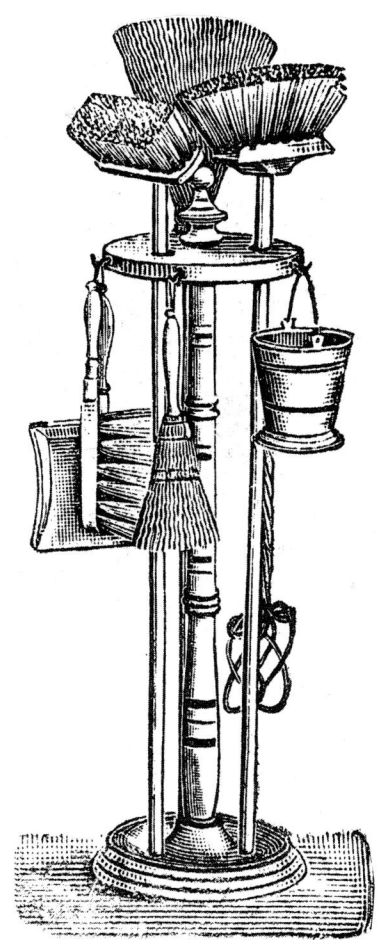

Besenständer, um 1913
(Borho, Baden-Baden)

Jahren von WMF, Geißlingen, für die große Küche auf den Markt gebracht wurden. Sie sind in den letzten Jahrzehnten weniger für Puppenküchen als vielmehr für größere Kinder-Einzelherde in praktikablen Größen angeboten worden.

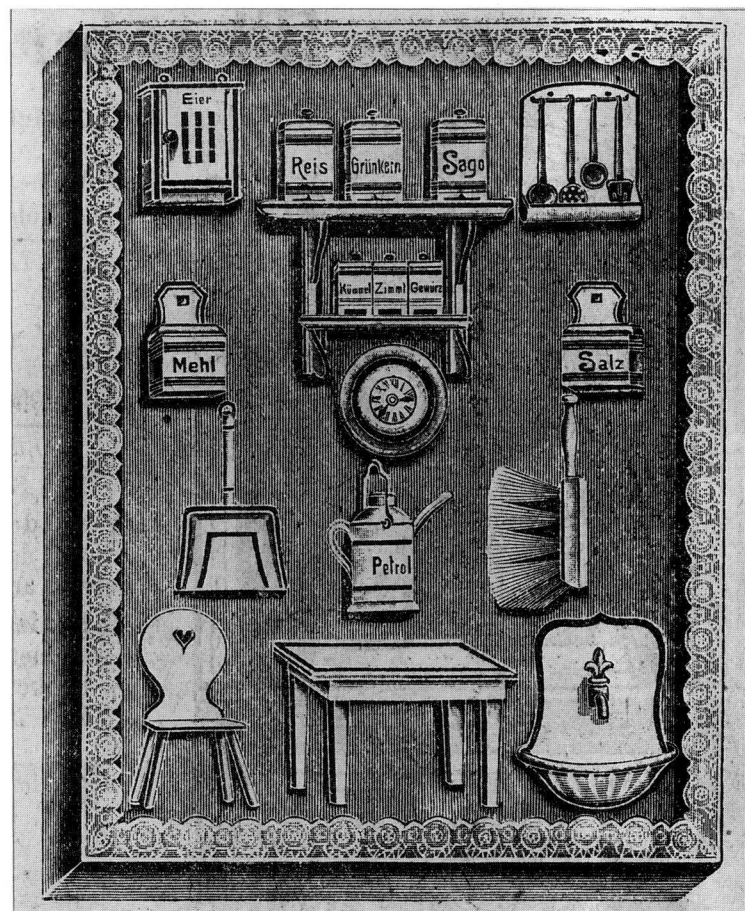

4343 **Küchengarnitur,** hochfein weiß und blau lackiert, enthaltend: Küchenrahmen mit 3 großen und 3 kleinen Dosen, Salz- und Mehlfaß, Küchenuhr, Eierschrank, Wasserleitung etc. M. 1.80.

Küchengarnitur, um 1913
(Borho, Baden-Baden)

Irdenes Geschirr

Irdene Geschirre sind die wohlfeilsten, aber auch die zerbrechlichsten, und sie können schädlich durch die Glasur werden (wegen des Bleigehalts) heißt es in einem Haushaltungslexikon von 1884.[33] Andererseits schwören bis heute manche Köchinnen und Köche auf irdenes Geschirr, wenn es um's Braten von Fleisch geht. Man denke nur an den Römertopf. Im 18. Jahrhundert bis in die erste Hälfte des 19. Jahrhunderts hinein war jedenfalls irdenes Geschirr aller Art, Bratpfannen (»Saurüssel«) und Dreifußpfännchen, Kochtöpfe, Milchhafen, Teller und Schüsseln auch in vermögenden Stadthaushalten gang und gäbe. Das wird auch in der im folgenden wiedergegebenen berühmten in *Dichtung und Wahrheit* von Goethe erzählten Geschichte deutlich:

Es war eben Topfmarkt gewesen, und man hatte nicht allein die Küche für die nächste Zeit mit solchen Waren versorgt, sondern auch uns Kindern dergleichen Geschirr im kleinen zu spielender Beschäftigung eingekauft. An einem schönen Nachmittag, da alles ruhig im Hause war, trieb ich im Geräms mit meinem Schüsseln und Töpfen mein Wesen, und da weiter nichts dabei herauskommen wollte, warf ich ein Geschirr auf die Straße und freute mich, daß es so lustig zerbrach. Die von Ochsenstein, welche sahen, wie ich mich daran ergetzte, daß ich so gar fröhlich in die Händchen patschte, riefen: Noch mehr! Ich säumte nicht, sogleich einen Topf und auf immerfortwährendes Rufen: Noch mehr! nach und nach sämtliche Schüsselchen, Tiegelchen, Kännchen gegen das Pflaster zu schleudern. Meine Nachbarn fuhren fort, ihren Beifall zu bezeigen, und ich war höchlich froh, ihnen Vergnügen zu machen. Mein Vorrat aber war aufgezehrt, und sie riefen immer: Noch mehr! Ich eilte daher straks in die Küche und holte die irdnen Teller, welche nun freilich im Zerbrechen noch ein lustigeres Schauspiel gaben; und so lief ich hin und wieder, brachte einen Teller nach dem andern, wie ich sie auf dem Topf-

Irdenes dreibeiniges Pfännchen, um 1800
Durchmesser 4,5 cm
(Historisches Museum, Frankfurt/M)

brett der Reihe nach erreichen konnte, und weil sich jene gar nicht zufrieden gaben, so stürzte ich alles, was ich von Geschirr erschleppen konnte, ins Verderben.[34]

Die kleinen irdenen Geschirre für Kinder wurden also auf den Töpfermärkten nebenher verkauft.

Eine weitere Kindheitserinnerung verdeutlicht die Beliebtheit dieser Geschirre. Bogumil Goltz (geb. 1801) erzählt 1854 in seiner Autobiographie:

Die Warschauer Töpferkunst fabricierte damals, wie noch jetzt, allerliebstes Kinderspielzeug, wunderniedliche, kleine Töpfchen und Schlüsselchen, Kännchen und Schmortiegelchen auf drei Füßen. In die Wunder dieser glasirten Duodez-Geschirre konnte ich mich stundenlang vertiefen und darüber nachdenken, wie das wohl gefertigt worden sei. Denn ich hatte weder einen Begriff wie Töpferlehm auf der Töpferscheibe gedreht, noch wie er dann

Bunzlauer Puppengeschirr im Messingdrahtsäckchen, 20er Jahre 20. Jahrhundert
Krug Höhe 32 cm

durch Brennen in eine künstliche Steinmasse mit Glasur und Far-
ben verwandelt wird.

Wie alle Kinder, so hatten auch wir das Töpferzeug zum Spielen
am liebsten in Gebrauch, und wer sich mal in gemischter Gesell-
schaft irgendwie gelangweilt oder beleidigt erachtete, entfernte
sich in der Regel mit der Redensart: »Na, dann nehm' ich mein
Töpfchen und Schüsselchen und geh' gleich nach Hause.«[35]
Jede Töpferregion hat ihre typischen Formen und Farben, die jeweils auch auf das Puppengeschirr übertragen wurden. Überregio-
nale Bedeutung hat in den Puppenküchen, wie in den großen Küchen, das Bunzlauer Geschirr gehabt. Es wurde in den jeweils zeittypischen Mustern auch im kleinen verkauft. Noch in den 30er
Jahren unseres Jahrhunderts gab es in kleinen Messingdrahtsäckchen glasierte, einfarbig braune oder blaue, bzw. in bräunlich/
blauen Farbtönen geschwämmelte Töpfchen und Kännchen zu
kaufen (Puppenküche S. 47).

Ähnlich verbreitet waren nur die eierschalenfarbenen Geschirre
mit hellblauen, braunen und rostfarbenen geschnittenen Schach-
brettmustern aus Znaim in Mähren. Von diesen streng geometrischen Mustern waren die traditionellen, geschnittene Namen, Linien und Blumen, nach 1900 allmählich in den Schatten gestellt
worden (Puppenküchen S. 55, S. 61).

Irdenes Puppengeschirr, um 1905
geschnitten, hellblau/weiß. Krug
Höhe 7,8 cm
wohl Znaim, Mähren

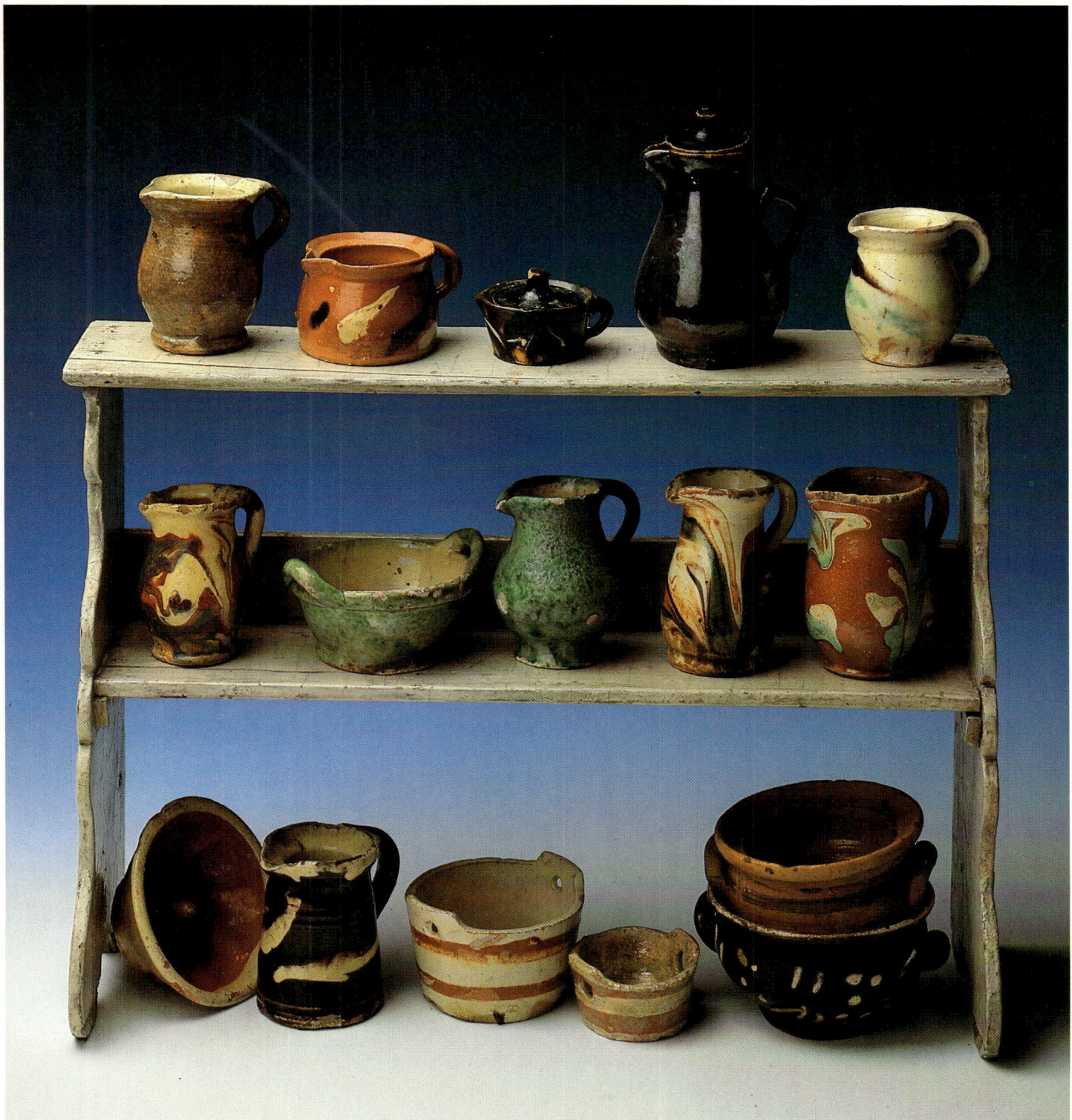

Eine weitere Gruppe kleiner irdener Geschirre trifft man häufig in alten Puppenküchen an, Kännchen, Krüge, Tassen, Backformen, Schüsseln und »Bratreinel« in lindgrün, creme, braun und rost. Sie sind allerdings erst 1940 in Magdeburg-Anhalt und 1942 in Südhannover als WHW-Abzeichen durch die Reichsstraßensammlung verkauft worden (Puppenküche S. 87).[36]
Eine zeitliche Einordnung und regionale Zuordnung zu einzelnen Töpferzentren ist schwierig; ganz besonders weil Irdenware über lange Zeiträume in traditioneller Weise produziert wurde und die Töpfer häufig gängige Muster von einander übernommen haben. Die Kriterien zum Bestimmen der Puppentöpfchen sind die gleichen wie bei den großen Geschirren, daher kann Literatur über Hafnergeschirre im allgemeinen auch für die kleinen Töpfchen weiterhelfen.

Irdene glasierte Töpfchen von den Reichsstraßensammlungen des Winterhilfswerks 1940 und 1942. Kännchen rechts hinten Höhe 4 cm

»Majolikageschirr mit Nickeleinfassung«, 1900 (Märklin 1, S. 227)

1619.

1620.

1653.

19.

1650.

1651.

1652.

1654.

1659.

1655.

1662.

1641. 1642. 1643

1665.

1625.

1667.   1668.

1677/8.

1669/1/2.

1670.

1671.

1657.

1679.

1691.

1692.

1694.

93.

1693.

1658.

Fayence oder Majolika

Fayence ist nicht versintert, das heißt, der Scherben ist wie bei irdenem Geschirr porös, die Glasur ist jedoch im Gegensatz dazu deckend, und die Malerei erfolgt auf der Glasur und wird in weiteren Brennvorgängen eingebrannt. Das bruchempfindliche Fayencegeschirr ist in den Puppenküchen nur selten erhalten geblieben. Die Gebrüder Märklin, Göppingen, hatten um 1900 in ihrem Programm *Tafelgeräte aus Majolika mit Nickelfassung, sehr gediegene Ausführung mit feinsten Blumendecors*, passend zu ähnlich dekorierten emaillierten Herden. (Möglicherweise handelt es sich jedoch um Steingut, das manchmal, wenn es bemalt ist, auch als Majolika bezeichnet wird.)

Steingut

Steingutgeschirre gleichen im Aussehen dem Porzellan. Der nicht durchscheinende Scherben ist jedoch wie bei der Irdenware und dem Fayencegeschirr nicht versintert. Die Musterung erfolgt auf dem ungebrannten Scherben meistens im Umdruckverfahren oder mit Hilfe von Abziehbildern. Diese billige Ware hat sich in Puppenstuben immer großer Beliebtheit erfreut.

Kinder-Kaffeekännchen, um 1860
Steingut, hellblauer Umdruck, Höhe 11 cm

132

Teile eines Puppen-Speiseservices, um 1860
Steingut, grüner Umdruck. Höhe der Terrine 9 cm

Teile eines Kinderspeiseservices, um 1914
Steingut mit Abziehbildern dekoriert. Höhe
der Terrine 11,5 cm

Steinzeug

Steinzeug ist wie Porzellan gesintert, jedoch aus chemisch verunreinigter Rohware und daher grau, bräunlich oder gelblich. In den Puppenküchen sind am häufigsten die grauen kobaltblau bemalten Einmachtöpfe mit Salzglasur anzutreffen. Sie wurden wie Irdenware immer von den Produzenten der großen Ware »nebenher« gemacht. Die wichtigsten Produktionszentren sind bis heute um Siegburg und um Höhr-Grenzhausen im Kannenbäckerland.

Steinzeugtöpfe, ca. 1880-1910
grau mit blauem Dekor, Salzglasur, wohl
Höhr-Grenzhausen, Höhe des Bänkchens
9,5 cm

Porzellan

Huhn (Dose) für die Puppenküche, um 1900
Porzellan, bemalt. Höhe 3 cm

Mit Porzellan eingerichtete Küche (für
Erwachsene). Auf der Hygiene-Ausstellung
in Berlin 1883 ausgestellt
(Illustrirte Frauenzeitung 1883, S. 22)

Porzellan spielte im großen und ganzen in der Küche der ersten Hälfte des 19. Jahrhunderts noch keine große Rolle. Irdenes Geschirr war neben Kupfer, Zinn und Eisen allgemein der gängigste Gebrauchsartikel. Bis zur Jahrhundertmitte war ja die Küche üblicherweise noch durch Rauch und Ruß der offenen Feuerstellen beeinträchtigt. Erst mit den geschlossenen Herden konnte sich eine freundliche hellere Atmosphäre in der Küche einstellen. Die Freude am weißen Küchenporzellan scheint sich daher in dieser Zeit, begünstigt durch die Verstädterung und Verbesserung der Vermögensverhältnisse in Bürgerkreisen, ausgebreitet zu haben.

Weiße Kännchen mit aufgedruckten Maßeinheiten, Vorratsgefäße, Gewürzbehälter mit Beschriftung, Öl- und Essigkrüge, Salz- und Mehlmästen, Löffel- bzw. Gerätehalter mit Löffel, Quirl, Schöpfer, Nudelrollen, Auflauf-Puddingformen und Küchenbrettchen aus Porzellan wurden 1883 in einer »Porzellanküche« zur Schau gestellt, die die Schuhmannsche Porzellanmanufaktur anläßlich der Hygiene-Ausstellung in Berlin eingerichtet hatte.[37] Porzellan war bis in unser Jahrhundert hinein der »Stolz der Hausfrau« und hat in gewisser Weise die Funktion des Kupfers als Prunkgeschirr der Küchen des 18. Jahrhunderts übernommen.

In den Puppenküchen scheint schon zu Beginn des 19. Jahrhunderts manches Geschirr aus Porzellan gewesen zu sein. Jedenfalls findet man in Hieronimus Bestelmeiers Katalog von 1803 eine Küche, die außer mit Zinn auch mit Porzellan eingerichtet war (No 400) und unter der No 541: *Ein Speißbehalter* (Schrank mit Fliegendraht, Anm. d. Verf.), *darinnen verschiedenes Geschirr von Zinn und Porzellain.*

Wie die große Küche wurde auch die Puppenküche erst in der 2. Hälfte, bzw. sogar erst im letzten Drittel des 19. Jahrhunderts besonders reich mit Porzellan ausgestattet.

Farbtafel
Kaffeegeschirre
oben links: Porzellan, weiß mit Gold,
um 1850
Höhe der Kanne 6 cm
oben rechts: Zinn, um 1890
Höhe der Kanne 6,5 cm

unten links: Plastik, um 1950
Reklame für Günzburger Kaffeemittel.
Höhe der Kanne 4 cm
unten rechts: Porzellan, 20er Jahre
20. Jahrhundert
Höhe der Kanne 6 cm

Kinder-Kaffee-Service, Porzellan, 1922
Fotografie

Küchengerät aus Porzellan, Zwiebelmuster,
um 1875
Originalkarton 35,5 x 47,5 cm
(Historisches Museum, Frankfurt/M)

Großer Beliebtheit erfreute sich Porzellan mit Unterglasurmalerei. Das *Zwiebelmuster*, 1739 in Meißen nach asiatischen Vorbildern entwickelt, wurde zu einem von vielen Manufakturen kopierten Dekor. Ähnlich geschätzt oder vielleicht sogar noch beliebter war in der Puppenküche das *Strohblümchenmuster*. Am häufigsten kam es aus Thüringer Manufakturen, wie beispielsweise Hüttensteinach oder Rauenstein, aber auch die fränkische Manufaktur Tettau hatte es im Programm. Meistens tragen Puppenküchengeschirre keine Marken!

Teile eines Puppen-Speiseservices, um 1870
Porzellan, Unterglasurblau. Höhe der Terrine 6 cm

Weniger auffallend, aber gar nicht selten finden sich in Puppenküchen der letzten Jahrzehnte des 19. und der ersten des 20. Jahrhunderts buntglasierte Porzellankännchen und -krüge von knapp
2 bis ca. 7 cm Höhe. Das Relief auf der Außenfläche zeigt Blu-
menmotive, aber auch Wirtshausszenen; häufig sind baumrinden-
artige Strukturen mit Eulen und anderen Vögeln oder schlichte
Längsriefen. Die Brauntöne überwiegen die blauen und grünen.
Das gängigste Produkt in diesem farbig glasierten Porzellan sind
wohl die Bierkrüglein, die über Jahrzehnte in den Puppenküchen
unseres Jahrhunderts stehen. In Österreich wurden sie von der
Firma Steidl produziert (Seite 165).

Kännchen, um 1890
Porzellan, Relief, braun glasiert. Höhe des
größten Kännchens 6 cm

links:
Puppen-Tafelservice aus Porzellan, um 1913
(Borho, Baden-Baden)

Teile eines Puppen-Speiseservices, um 1900
Porzellan hellblau/gold bemalt. Höhe der
Terrine 7,1 cm

Teile eines Puppen-Speiseservices, 20er Jahre
20. Jahrhundert
Porzellan lindgrüne Abziehbilder, tomaten-
rote Bemalung. Höhe der Terrine 6,8 cm

Teile eines Puppen-Speiseservices, 30er Jahre
Porzellan, Abziehbilder, Höhe der Terrine 6,8 cm

Glas

Zarte vor der Lampe geblasene Glassachen gehörten in die Puppenhäuser und -stuben. In den Puppenküchen sind vor allem derbere Flaschen und Wassergläser anzutreffen und schließlich das unverwüstliche reich verzierte Preßglas, das schon zu Beginn des 19. Jahrhunderts als billige Ware im Haushalt der Erwachsenen Verwendung gefunden hat.

Tasse, Dose und Salz/Pfeffer-Behälter für die Puppenküche, um 1870
Hellblaues Preßglas. Höhe der Dose 5,6 cm

Holz

Hölzerne Geräte hat es in der Puppenküche wie in der großen Küche immer gegeben. Kochlöffel, Nudelhölzer und Küchenbrettchen gibt es bis heute. Freilich ist inzwischen die Konkurrenz durch Plastikartikel groß.

In gewissem Umfang sind in allen holzreichen Gegenden hölzerne Küchengeräte in groß und in klein produziert worden, aber die Spielzeugzentren um Sonneberg und im Erzgebirge waren die bedeutendsten Lieferanten von *Schachtelware* für den Nürnberger Handel. In Spanschachteln und Holzkistchen war — in Holz gedrechselt — kompletter Hausrat in Miniatur verpackt. So wurden beispielsweise im Sonneberger Musterbuch von 1831 fünf Spanschachteln mit kleinem gedrechselten *Hausrath* (No 414-418) angeboten, außerdem *Häfelein, kleine, dto. mittle, dto. große* und ebenfalls in jeweils drei verschiedenen Größen *Handkörbe, Stützlein, Butten, Butterfässer, Eimer, Züber, Teller* aus Holz gedrechselt mit aufgemalten roten und grünen Querstreifen (No 368-391). Noch reicher ist das Angebot des Waldkirchner Musterbuches um 1850. Eine Fülle von gedrechselten Holzgefäßen, (Tafel 8, 10, 30, 86) aber auch Geräte wie Bügelbrett, Butterfaß, Quirl, Kochlöffel, Nudelholz, Bütten, Eimer in verschiedenen Größen, Besen und Handfeger (Tafel 87) standen zur Wahl. Neben diesen Holzgeräten und Gefäßen *klein wie groß* hat es für die Puppenküchen auch viele Dinge aus Holz gegeben, die in der Realität aus ganz anderen Materialien gemacht waren. Das Waldkirchner Musterbuch um 1850 führte beispielsweise porzellanartig bemalte Teller, belegt mit Obst, Fischen, Hummer, Kuchen, Brot und Käse (Tafel 66). Außerdem gab es Spanschachteln mit imitiertem metallenen Hausrat, beispielsweise messingfarben bemalten Kerzenleuchtern und Mörsern und Töpfen und Pfannen im Kupferton. Sogar Weinglas, Gießkanne, dreifüßiges Pfännchen für's offene Feuer und »Saurüssel« (irdene Bratpfanne) wurden aus Holz gedrechselt. Besonders reizvoll sind hölzerne Service, die auf weißer oder

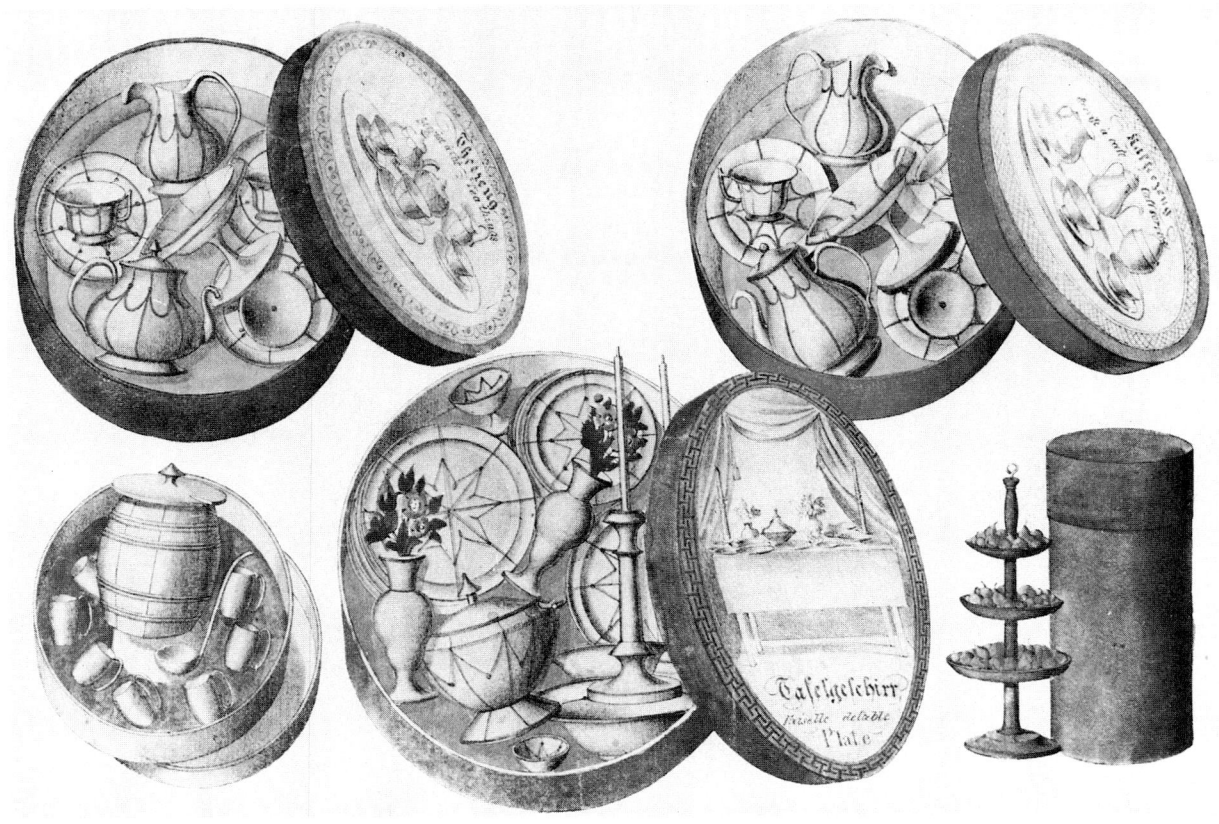

beinfarbener Grundierung zarte *Porzellanmalerei* zeigen (Tafel 66). Ein Nürnberger Musterbuch aus den Jahren um 1850/60 bringt mehrere mit Buntpapier überzogene Pappschachteln, die wunderschöne, wie Porzellan oder Fayence aussehende Kaffee-, Tee- und Speisegeschirre enthalten, die in Wirklichkeit ebenfalls fein aus Holz gedrechselt und bemalt sind (Seite 34/35).
Die Eisenreifen der »Böttcherware« wurden übrigens nicht gemalt, sondern mit Zinn imitiert. Der Drechsler hielt an das schnellrotierende Werkstück ein entsprechend breites Zinnstiftchen. Der Abrieb des Metalls legte sich als dünner Film um das ge-

Puppengeschirr, 1850/60
Holz gedrechselt, bemalt, in Pappschachteln
(Nürnberger Musterbücher, S. 69)

Farbtafel
Holzgerät, 2. Hälfte 19. Jahrhundert
Höhe des Hackstocks 10,8 cm

drechselte Gefäß und bildete einen silbernen Streifen.[38] Dieser machte sich schließlich als Zierelement selbständig und wurde auch an gedrechselten Kaffee- und anderen Geschirren ausgeführt.

Aus späteren Musterbüchern bzw. Katalogen ist der komplette, andere Materialien imitierende Hausrat aus Holz allmählich verschwunden, denn die Blechgeschirre aus Nürnberg, die ähnlich preiswert waren, und die man außerdem auf den neuen Spiritus-

rechts: Holzgeräte, ca. 1890-1930
Eierständer, Kartoffelstampfer, Erbsentreiber, Fleischklopfer, Nudelrolle, Quirl, Tücherleiste, Küchenbrettchen, Salzfaß, Gewürzschränkchen

Puppen-Küchengeräte aus Holz, 1850/60
(Nürnberger Musterbücher, S. 73)

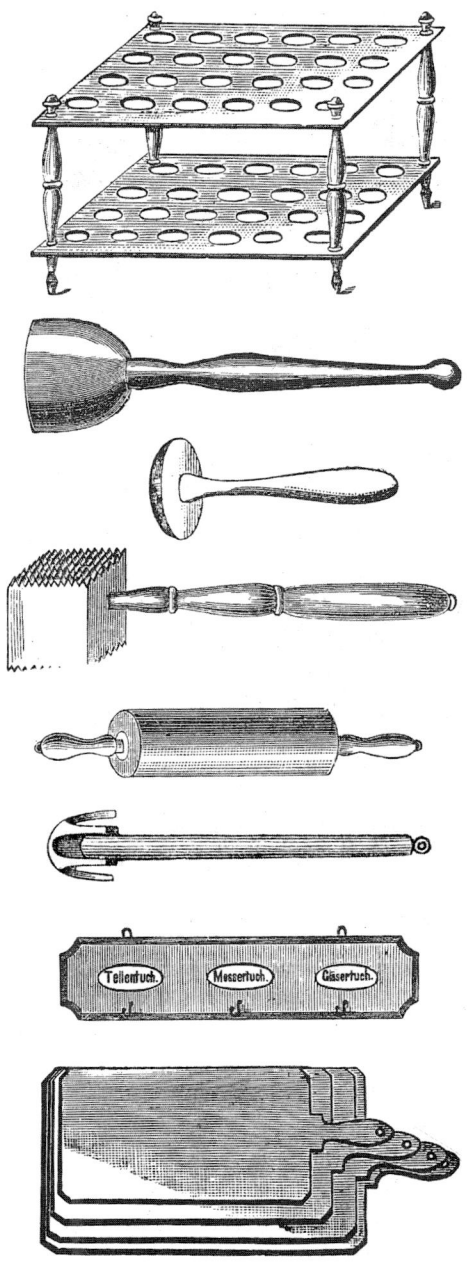

herdchen der offenen Flamme aussetzen konnte, drängten sie zurück.

Aber natürlich wurden weiter einzelne hölzerne Geräte aus Mutters Küche im Kleinformat verkauft. Beispielsweise heißt es in einem Ausstellungsbericht über die Weltausstellung in Wien 1873: *Im Thüringer Wald werden aus Holz geschnitzt: Gewürzschränkchen, Salz- und Mehlfässchen usw.*[39] Ein recht typisches Angebot führte die Holzwarenfabrik Arthur Faber, Bietigheim/Württ. In einem Katalog von 1910 über Küchen/Hausartikel/Möbel offerierte sie in einer mehrseitigen Rubrik *Feine Kinderspielwaren* unter anderem folgende Artikel: *Beefsteak- Hammer, Ahorn; Blasebalg, Buchen; Holzmesser, Butterstecher, Ahorn; Gewürzkasten, gelb pol.; Gurkenhobel, Holzhammer, Kartoffelstampfer, Küchenbrettchen, Löffelträger, Mehlschaufel, Löffel, Ahorn; Messerkasten, gelb pol.; Messerputzer, Quirl, Ahorn; Salzmörser, Ahorn pol.; Salzfaß pol.; Haarsieb, Sprengerlemodel mit 6 Bildern; Putzkasten, Buchen; Tischdecke (Holzstreifen), pol.; Fleischbrett, Ahorn; Nudelbrett, Hackbrett, Buchen; Nudelrolle, Ahorn; Serviertisch, Eichen; Waschtrockengestell, Buchen;* Geräte wie Wiegemesser, Hackmesser, Reibeeisen, Schaumschläger.

Außerdem lieferte Faber die gangbarsten Gegenstände aus dieser Kollektion *in starken Kistchen mit Schiebedeckel* in drei Ausführungen, mit 20, 25 bzw. 35 Gegenständen. Das billigste zu 5,80, das teuerste zu 19 Mark.

Kupfer

Zur Zeit Ludwig XVI (geb. 1754) sollen *ganze Kinderkücheneinrichtungen aus rotem Kupfer* hergestellt worden sein.[40] Auch die Puppenküchen der ersten Hälfte des 19. Jahrhunderts waren zum Teil noch reichlich mit Kupfer ausgestattet.

Kupferne Wasserkessel, Kochtöpfe und die dekorativen Backformen wurden am längsten beibehalten. Der Spielzeughändler Anton C. Niessner, Wien, führte sie noch um 1910 in seinem Katalog und selbst der vorwiegend blechverarbeitende Spielzeugproduzent Märklin, Göppingen, bot 1895 noch kupferne Fische, Trauben, Krebse, Muscheln und Melonen an. 1909 waren dann die gleichen Motive nur noch in *Weissblech, geprägt und verzinnt, mit umgebördeltem Rand* im Sortiment. Zu den meisten Herden bot Märklin sogar bis 1919 wahlweise Kupfertöpfe an.

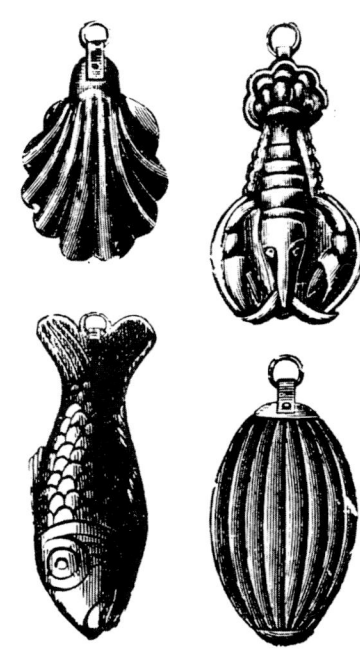

Kupferförmchen
(Formen, die das ganze 19. Jahrhundert in Puppenküchen anzutreffen sind)

Kupfergeschirre: umgestülpte bauchige Milchtöpfe, Kochtöpfe, Wasserkessel, Backformen.
Messinggeschirre: Korb und Glutpfännchen vorn links, Feuerstülpe neben dem Herd in: Puppenküche, um 1800 (siehe S.21)

Messing

In den teuer ausgestatteten seltenen Puppenküchen des 18. Jahrhunderts waren viele Geräte aus Messing oder sogar aus Silber gearbeitet. 1803 bietet Hieronimus Bestelmeier im systematischen Verzeichnis seines Magazins unter *2. Spiel- und nützliche Sachen für Knaben und Mädchen* noch *Einen mösingnen Haußrath 36 kr.* neben Holz-, Zinn- und Blechgeschirren an.

Überbleibsel aus dem 18. Jahrhundert sind die alten kunstvoll durchbrochenen Geräte aus Messingblech, Wärmestövchen, durchbrochene Körbe, Kohlepfännchen und Eimer, die in der Puppenküche des Historischen Museums, Frankfurt, zu sehen sind (S. 21).

Stielpfännchen, Kasserollen (tiefe Pfannen mit Deckel), Schöpfkellen, Schneekessel mit gewölbtem, Marmeladenkessel mit flachem Boden und Waagschalen aus Messingblech sind bis in die 20er und ausnahmsweise bis in die 30er Jahre des 20. Jahrhunderts Puppenküchenzubehör geblieben.

Unter den Messinggußwaren waren ebenfalls Geräte, die sich bis weit in unser Jahrhundert behaupten konnten, wie beispielsweise das Teigrädchen. *Messingne Kindermörser* und *messingne Biegeleisen für Kinder* führte Wathner's Eisenwaaren-Kenner 1885 an[41] und auch Anton C. Niessner, Wien, hatte sie noch um 1910 im Sortiment.

Mörser, um 1870
Messing. Höhe ohne Stößel 3,8 cm

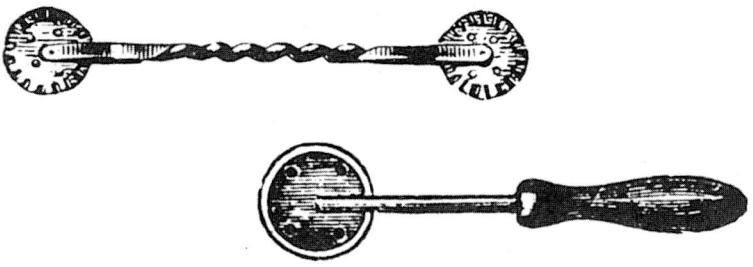

Zinn

Verzierte Zinngeschirre und -geräte werden in Miniaturausformung für die kleinen Stuben und Küchen — mit kurzer Unterbrechung durch den zweiten Weltkrieg und die erste Nachkriegszeit — bis heute hergestellt und verkauft. Die größeren Küchengeschirre aus Zinn aber, die glatten Teller, Schüsseln, Vorlegebestecke und Vorratstöpfe sind in der 2. Hälfte des 19. Jahrhunderts zunächst vom Blechhausrat, schließlich aber auch vom Porzellan zurückgedrängt worden. Bis zu dieser Zeit jedoch füllten sie die offenen Regale der Puppenküchen.

Alte Spielwarenkataloge, wie der von Bestelmeier, spezifizieren leider nicht, sondern bieten lapidar *Einen zinnernen Hausrath 1 fl. 12 kr.* an.[42] Die Besteller schienen zu wissen, was sie zu erwarten hatten. Außerdem ist eine der angebotenen Küchen mit *Geschirr von Zinn und Porzelain* (No 400) und eine weitere nur mit Zinn eingerichtet (No 1012).

Vorratsgefäß, Ende 18. Jahrhundert
Zinn, handgearbeitet. Über Eck ist ein
Steg eingearbeitet, der beim Ausgießen den
Fluß der Körner o.ä. bremst. Höhe 6 cm
(Historisches Museum, Frankfurt/M)

Puppen-Zinngeschirr, 1850/60
(Nürnberger Musterbücher, S. 71)

Die wichtigsten Produktionszentren lagen im Nürnberg/Fürther Raum und in Sachsen (z. B. Freiburg, Gotha und Dresden), aber auch Berliner Firmen fertigten zinnernen Puppenhausrat. Auf der Allgemeinen Deutschen Gewerbeausstellung in Berlin 1844 präsentierten *Joh. Andr. Weigmann, Zinngießermeister dasselbst: außer Klystirspritzen auch drei Schachteln Kinderhausrath zu 12 kr, 42 Kr. und 2 Gld. die Schachtel,* und G. Söhlke, *Spielwaaren-Fabrikant in Berlin: verschiedene Kinderspielsachen, größtentheils aus Zinn gearbeitet. Es befand sich darunter allerlei hübsches Hausgeräth....*[43] In Dießen am Ammersee wird noch heute in zum Teil alten Formen Puppengerät produziert.

Blech

Kochtöpfe, Wännchen, Trichter, Dosen und vieles andere für die Küche wurde zunächst vom Klempner und um die Mitte des 19. Jahrhunderts schließlich in großen Mengen maschinell aus Weißblech hergestellt. Lötstellen, Nieten und Falze an zugeschnittenen Blechstücken und gesondert eingearbeitete Böden sind charakteristische Merkmale für die älteren Stücke.

Eine eigentliche Industrie für Blechwaren konnte sich erst um die Mitte des 19. Jahrhunderts, einige Jahrzehnte nach der Erfindung des »Drückens auf der Drehbank« entwickeln, denn das vorher übliche Tiefen von Gefäßen mit dem Treibhammer war aufwendig. Mit der neuen Technik jedoch konnten die Gegenstände auf rasche Weise und dadurch billig über einer Hartholzform hochgedrückt werden. Hinterschnittene Formen mußten allerdings noch immer in Teilen produziert und anschließend verlötet, genietet oder gezapft werden. Nahtlose hohe Gefäße, welche aus relativ dickem zähen Eisenblech in einem Stück auf der Ziehpresse geformt sind, stammen aus den letzten Jahrzehnten des 19. bzw. aus unserem Jahrhundert. Die Blechgeschirre waren billig, aber sie wurden sehr schnell unansehnlich, verfärbten die Speisen und gaben Blechgeschmack an sie ab. Man verzinnte sie daher. Schon 1822 hatte die Firma Justus Assmann auf der Deutschen Gewerbeausstellung in Berlin mit Erfolg solche verzinnten Blechgeschirre als »Neuwieder Gesundheitsgeschirr« vorgestellt.[44]

Auch für die Kinder gab es zunächst vom Klempner gearbeitete Blechgeschirre, die ebenfalls verzinnt, aber auch häufig bemalt waren. Wieder einmal findet sich zuerst in Hieronimus Bestelmeiers Katalog von 1803 ein Beleg, und zwar im systematischen Verzeichnis unter *2. Spiel- und nüzliche Sachen für Knaben und Mädchen.* Da heißt es: *Eine Schachtel blechernen Hausrath, auf Wedgewood Art lakirt 36 kr.* 1843 bot ein Merseburger Spielzeugmacher *Küchengeschirr von Blech, in Schachteln mit 12-36 St.,*

Puppen-Kanne, um 1880
Blech vernickelt. Höhe 10,5 cm
Gebr. Märklin, Göppingen

Farbtafel
Blechgerät, 2. Hälfte 19. Jahrhundert
(von links nach rechts) Hinten: Teller, lithographisch bedruckt und blank. Mitte: Kanne und Schaumschläger, Weißblech; Kaffeemühle mahagonifarben lackiert; Mehlmäste, lithographisch bedruckt. Vorne: Eimer, Wanne und Kanne holzfarben lackiert; Gewürzschränkchen mahagonifarben lackiert, bronziert. Höhe der Anrichte 29 cm

die Schachtel von 4 Sgr. bis 12 Sgr. an[45] und im Jahr darauf zeigte ein Klempnermeister aus Zerbst, Wilhelm Kohl, auf der Deutschen Gewerbeausstellung in Berlin *dreizehn Schachteln mit gemalten Spielsachen verschiedener Art, darunter auch Tischgeräth, Kaffeeservice etc.*[46] Auch die *Spielwaren-Fabrik C. P. Dietrich, Ludwigsburg in Württemberg* war vertreten mit *zwei Schachteln mit Küchengeschirr zu 20 Kr. und 1 fl. 13 Kr.* An anderer Stelle heißt es, die Firma habe *außer anderen Spielsachen zahlreiche Küchengeräthe von Blech* ausgestellt.[47]
Blechspielwaren-Fabriken wie Ludwig Lutz, Ellwangen, Rock &

Puppen-Hausrat aus Blech, 1898
Inserat des Versandgeschäftes Mey & Edlich, Leipzig

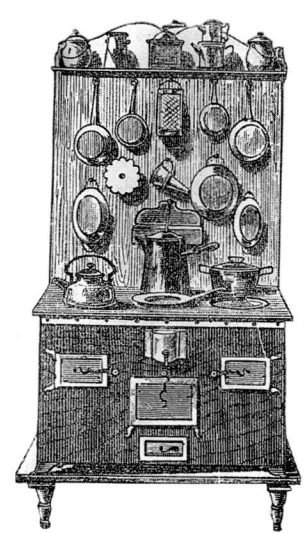

»Kochherd mit vollständiger Küchen-Einrichtung«
(G. Söhlke, Berlin 1893)

Herd 1899 Blech mit Nickelbeschlägen (Herz & Ehrlich, Breslau)

Graner, Biberach, und Märklin, Göppingen, produzierten auch Blechhausrat für die Puppenküchen. Das Ehepaar Märklin hat sogar seine Spielwarenproduktion 1859 mit Geräten für die Puppenküche begonnen und auch die Söhne, »Gebrüder Märklin«, haben 1888 nach dem Tod der Eltern zunächst Puppenküchenausstattungen und Kinderkochherde hergestellt.[48] Noch in den 20er Jahren waren diese Spielsachen für Mädchen ein bedeutender Artikel in ihrem Programm. Der österreichische Großhändlerkatalog *Wathner's Eisen- und Eisenwaaren-Kenner* von 1885 zählt unter Punkt *II Gepreßte und gefalzte Blechgeschirre* 171 Objekte für die große Küche auf und fährt dann fort: *Nach den beschriebenen Blechgeschirren werden auch Kinderspielzeuge in Garnituren, oder auch einzeln verkauft, diesselben erstrecken sich aber lediglich auf Kochgeschirr als: Töpfe, Casserrollen, Pfannen, Bratpfannen, Backformen, Schneekessel usw., und werden oft bis in den kleinsten Gegenstand sortirt, so z. B. Reibeisen, Schneeruthen, Deckeln, Tassen, Trichter, Löffeln, Leuchter usw.*[49]
Es versteht sich nahezu von selbst, daß in den Spielwarenkatalogen vom Ende des 19. und den ersten 10 bis 20 Jahren des 20. Jahrhunderts Blechgeschirre in großer Fülle angeboten werden. Besonders reizvoll sind in dieser Zeit die in geometrischen oder figürlichen Mustern geprägten Teller und Schalen.
Blechgeschirre für Kinder hat man häufig bemalt; wie bei den gedrechselten Holzgeschirren versuchte man dabei andere teurere Materialien zu imitieren. Man denke an den oben zitierten *Hausrath auf Wedgewood Art* bei Bestelmeier 1803. Im Musterbuch von G. Striebel, Biberach um 1850 sind Blechkännchen, Tassen und Krüge abgebildet, die in Form und Bemalung Fayence-, bzw. Porzellangeschirre der Zeit nachahmen. Bütten, Eimer, Krüge und dergleichen aus Weißblech wurden wie helles Weichholz, oft mit umlaufenden Reifen bemalt. Beispiele finden sich bei Lutz, Ellwangen. Für den Biberacher Blechspielzeugproduzenten Rock & Graner sind für die 70er Jahre des 19. Jahrhunderts mahagonifarbene Küchensachen typisch, Brotdosen, Gewürzschränke, Kaffeemühlen und Wassereimer. Allgemein bekannt dürften die messingfarben bronzierten Vorratsdosen sein, die es mit Schrifttypen aus verschiedenen Zeitabschnitten gibt.

Mit Aufkommen des Emailles wurden natürlich auch die Blechgeschirre in der Art der Emaillierung, gewolkt, gesprenkelt usw. bemalt gespritzt oder getaucht. Hellblau wurde übrigens am meisten imitiert.

Selbstverständlich sind Blechspielsachen für die Puppenküche nicht nur bemalt und lackiert worden. Wie in der gesamten Branche hat auch hier das farbige Bedrucken des Blechs schließlich die Malerei von Hand abgelöst. Da beim direkten Drucken des Lithographiesteins auf das Blech die Farbe nicht gut angenommen wurde, bediente man sich des sogenannten Umdruckverfahrens, das heißt, man druckte Schrift oder Bild zunächst auf das »Umdruckpapier« und von da auf das Blech. Die einfacher zu handhabende Offset-Lithographie wurde ab den 80er Jahren allgemein eingesetzt. Erst ab dieser Zeit gibt es in den Puppenküchen diese erstaunliche Fülle bedruckter Gegenstände, vor allem Teller, Mehl- und Salzmästen und Vorratsdosen. Teegeschirre im Chinadekor oder mit Kindermotiven bunt bedruckt sind bis in die 30er Jahre des 20. Jahrhunderts in jedem Spielwarenkatalog zu finden. Nach dem zweiten Weltkrieg werden sie erneut aufgelegt und dann allmählich von Plastik verdrängt.

rechts: Puppen-Hausrat, 30er Jahre
Eisenblech, hellblau/weiß gesprenkelt
lackiert, auf Karton aufgenäht (45,5 x 31 cm).
Frankreich (M. J., Paris)

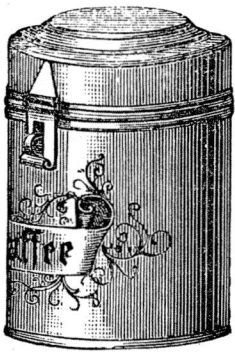

Vorratsdosen, um 1890
Blech, goldbronziert mit schwarzer Aufschrift

Puppen-Blechgeschirr, 1912
(Stukenbrok, Einbeck, S. 130)

Teile eines Puppen-Teegeschirrs, 1949
Blech im Stil der 20er / 30er Jahre. Mit
Chinamotiven rot/blau/schwarz auf gelb/
beigem Fond bedruckt. Kanne Höhe 6,4 cm

Emaille

Gebrauchsware aus Blech wurde in größerem Umfang erst im letzten Drittel des 19. Jahrhunderts emailliert. Die ersten Gußeisengefäße in Deutschland sollen 1785 von dem Gräflich Einsiedelschen Eisenwerk Lauchhammer, Kreis Liebenwerda, einem der ältesten Hüttenwerke Deutschlands, emailliert worden sein. 1844 sandten dieses Eisenwerk und vier weitere Hütten zur Deutschen Gewerbe-Ausstellung nach Berlin verschiedene gußeiserne, weiß emaillierte Koch- und Bratgefäße ein. Außerdem wurden im Ausstellungsbericht als Neuheit mit Emaille überzogene Blechgeschirre herausgestellt.[50] Versuche, Blech zu emaillieren, sind jedoch schon 10 oder 20 Jahre früher gemacht worden.

Puppengeschirre wurden damals noch nicht erwähnt. Wathner's Eisen- und Eisenwaaren-Kenner von 1885 schreibt im Kapitel *Emaillierte und verzinnte Waren* ganz allgemein: *Viel gebräuchlicher als das Verzinnen ist das Emailliren und werden die meisten Gefässe und Geräthe, welche früher aus Kupfer, Weissblech oder Thon gemacht wurden, jetzt aus Blech oder Eisenguss angefertigt und emaillirt und bekommen ein sehr schönes Aussehen, beson-*

Teile eines Puppen-Kaffeegeschirrs, um 1900 Eisenblech, weiß emailliert mit Vergißmeinnicht. Höhe des Kännchens 4 cm

158

ders Gegenstände, welche von Innen und Aussen weiss emaillirt sind, sehen wie Porzellan-Geschirre aus.

Die gußeisernen Waren wurden im allgemeinen emailliert oder roh angeboten, die *gepressten und gefalzten Blechgeschirre* dagegen entweder verzinnt oder emailliert. . . . *ausserdem sind da noch die feineren Sorten Geschirre . . . und vieles Andere welches Innen und Aussen weiss emaillirt, zuweilen auch mit Zierrathen versehen ist, zu erwähnen. Nach den beschriebenen Blechgeschirren werden auch Kinderspielzeuge in Garnituren, oder auch einzeln verkauft, dieselben erstrecken sich aber lediglich auf Kochgeschirr . . .*[51] Die angebotenen emaillierten sind die gleichen wie die verzinnten Blechgeschirre.

Bei älteren Puppengeschirren schimmern noch deutlich die übereinander gelöteten Kanten, die gefalzten Nähte, die Nieten an Tüllen und Henkeln, die einzeln eingearbeiteten Böden durchs Emaille. Die alten Arbeitsmethoden liefen allerdings noch bis in unser Jahrhundert hinein neben der Produktion auf Ziehpressen einher[52], so daß sich keine klaren Datierungsmöglichkeiten aus dieser Herstellungstechnik ergeben. Auch die Farben lassen nur eingeschränkt auf das Alter schließen. Das dunkle leuchtende Blau ist — obgleich es auch in den 30er Jahren noch angeboten wird — das ältere Blau, das helle Blau, das »Neublau« wurde Ende des 19. Jahrhunderts Mode.[53]

Emailliertes Puppen-Kaffeegeschirr, 1899 (Herz & Ehrlich, Breslau)

Teile eines Puppen-Kaffeegeschirrs
aus einer Puppenküche von 1910/20. Eisenblech, emailliert, grau/weiß gesprenkelt.
Höhe der Kanne 12 cm

Geschirre aus »prima Blech-Emaille, aussen
braun, innen weiss« mit eisernem lackiertem
Herd (Herz & Ehrlich, Breslau 1899)

Emaillierte Puppengeschirre sind leider nur ausnahmsweise mit
der Firmenmarke versehen, eine Zuweisung zu einzelnen Firmen
ist daher fast nie möglich. Mit Sicherheit haben jedoch Baumann,
Amberg und Bing, Nürnberg auch Puppengeschirre produziert[54],
vermutlich haben sich auch andere Emaillierwerke das Geschäft
nicht entgehen lassen. Ein Geschäft scheint es jedenfalls gewesen
zu sein, denn die meisten Spielwarenkataloge führen, wenn sie
Mädchenspielzeug im Programm haben, ab Ende des ausgehenden 19. Jahrhunderts emaillierte Puppengeschirre:
G. Söhlke, Nachf. Berlin (1892): *Küchengeräth, emaillirtes Eisen
zu 1,50, 2,50, 4, 5, 6 und 7,50 M.* und *neu, Kochherde mit blau-
weiß emaillirtem Geschirr.*
Gebr. Märklin, Göppingen (1895): *Kochgeschirre innen weiss außen braun, Kaffeeservice, emailliert, weiss mit Decoration blau
und gold oder rosa und gold.*

Emaille-Geschirr, um 1920
außen hellblau, innen weiß emailliertes
Blech; auf weiß lackiertem Blechherd mit
geprägten Messingbeinen, 20er Jahre
20. Jahrhundert. Höhe (ohne Kamin) 14 cm

160

Kinder-Kanne, letztes Drittel 19. Jahrhundert
Eisenblech, innen weiß, außen kupferbraun
emailliert. Boden angesetzt, Tülle und
Henkel genietet. Höhe 14 cm

F. & R. Fischer, Göppingen (1896): Herde wahlweise auch *mit Emaillegeschirr.*

Herz & Ehrlich, Breslau (1899): . . . *die Geschirre sind prima Blech-Emaille, außen braun, innen weiss. . . . Kochgeschirr weiss mit blauen Streifen emailliert. Emaillierte Puppen-Caffee-Service, außen hellblau, innen weiß, in Berliner Form und Porzellanform.* In den ersten zehn Jahren des 20. Jahrhunderts ist das Emaillegeschirr wohl das beliebteste Puppengeschirr gewesen. Der Spielwarenhändler Anton C. Niessner, Wien, bietet 1910 Geschirre in *blau granit, aussen und innen weiß, außen blau und innen weiß, außen kupferbraun und innen weiß, weiß mit hellblau* (gesprenkelt) an.

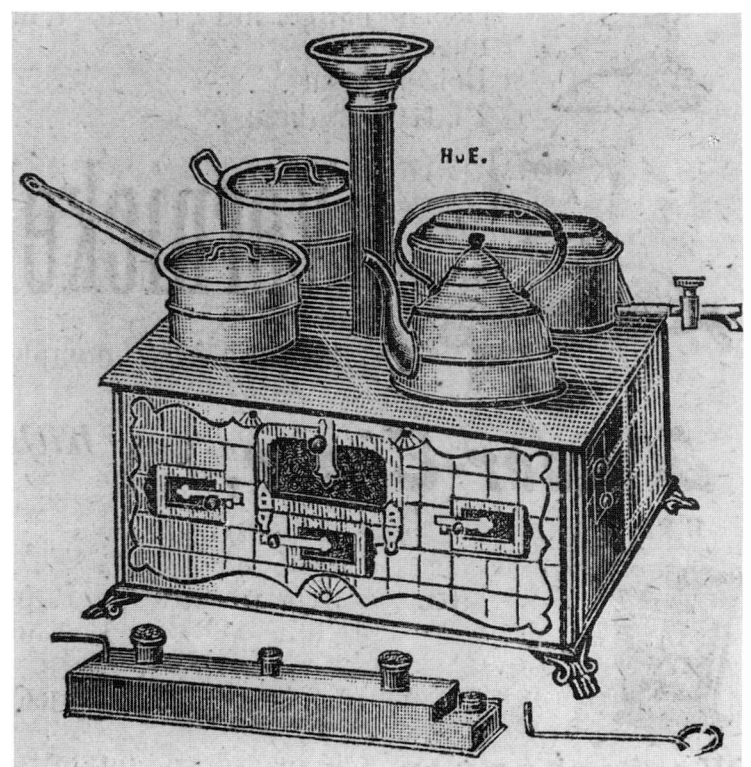

»Kinder-Kochherd, fein weiss kachelartig
emaillirt, mit Goldverzierungen, Kochgeschirr weiss mit blauen Streifen
emaillirt«
(Herz & Ehrlich, Breslau 1899)

Aluminium

Aluminium wird von Sammlern häufig für ein modernes Material gehalten, das in älteren Puppenküchen nichts zu suchen habe. Aluminium ist jedoch schon 1827 entdeckt und bereits 1855 in Paris fabrikmäßig hergestellt worden. Mayers Konversations-Lexikon von 1896 schreibt, daß es eine vielfältige Verwendung für dieses Material gäbe, weil es nicht roste und leicht zu verarbeiten sei. Es würden u. a. seit längerem auch Kochgeschirre daraus gemacht.

Für das erste Aluminiumtöpfchen für Puppen ist bis jetzt kein Datum bekannt. Jedenfalls hat die Fa. Gebr. Märklin, Göppingen, spätestens 1909 Puppenkochgeschirre aus Aluminium in ihr Programm aufgenommen. Im Katalog dieses Jahres bietet sie drei Herde in jeweils mehreren Größen wahlweise mit Aluminiumgeschirren, Aluminium-Services, und außerdem einen Satz Aluminiumtöpfe, an.[55]

In Spielwarenkatalogen nach 1910 hat sich das Aluminiumgeschirr neben Emaille und Porzellan bereits einen guten Platz erobert. Die Preise lagen zu dieser Zeit noch nah beisammen. Das Aluminiumgeschirr, *fein matt, silberähnlich gebeizt,* wurde wie bei Märklin auch von dem Händler Borho, Baden-Baden, um 1913, nicht nur für den Herd, sondern auch als Kaffee- und Punschservice angeboten. Siebe, Schöpflöffel, Terrinen, Teller und Bestecke, Backschaufeln, Schüsseln, Eimer, Konsolen, Salz- und Mehlmästen, Behälter für Sand/Soda/Seife und schließlich den gesamten Hausrat gab es schließlich für die Puppenküche aus Aluminium (Puppenküche S. 68).

Nach dem zweiten Weltkrieg hatte Aluminium in der Puppenküche einen zweiten Höhepunkt, wurde dann aber von einem neuen Material, dem Plastik aus dem Feld geschlagen. Die Firma Marsteler & Killmann in Kettwig an der Ruhr, eine Metallwarenfabrik mit großem Aluminiumangebot, hatte 1914 auch *Aluminium Kindergeschirre* im Programm und stand damit nicht allein. Die Metallwarenfabrik Hesmer & Möllhoff, Bärenstein/Westf. brachte

Elektroherd mit Aluminiumzubehör, um 1950
Höhe 13 cm
(Historisches Museum, Frankfurt/M)

Aluminium-Puppenherd mit Aluminiumzubehör, um 1950
Höhe 17,5 cm

162

Puppen-Kochgeschirr aus Aluminium,
um 1913
(Borho, Baden-Baden)

1927 einen Spezialkatalog über *Aluminium-Spielwaren* heraus.
Auf 29 Seiten wird der komplette Hausrat der Zeit in *poliert oder
geschliffen* und *silbermatt gebeizt* einzeln und in unterschiedlichst
zusammengestellten Garnituren angeboten.

Puppen-Kaffeeservice, Reinaluminium,
um 1913
(Borho, Baden-Baden)

Kunststoffe

In den 20er/30er Jahren wurden Lampenschirme, aber auch vereinzelt kleine Geschirre aus Zelluloid und kleine und größere Puppenservice aus Bakelit in grünen/braunen/roten Tönen gefertigt. Der eigentliche boom für Kunststoffgeschirre setzte in der Zeit nach dem zweiten Weltkrieg ein. Polystyrol war zunächst das gängigste Material für kleine Werbegaben, z.B. die bekannten elfenbeinfarbenen Figürchen einiger Margarinehersteller und die pastellfarbenen Kaffeegeschirre, welche die Kaffeefirma *Korona* ihrer Kornkaffeemischung in Einzelteilen zum Sammeln beizupacken pflegte. *Günzburger-Kaffeemittel*-Pakete enthielten ebenfalls verkaufsfördernde Täßchen, Teller und Kännchen. Diese Geschirre gab es u.a. in rot/transparent, blau/transparent mit Goldrand und cremefarben mit Abziehbildern in der Form alten Zinngeschirrs. Ab den 50er/60er Jahren bot der Spielwarenhandel moderne Formen zunächst vor allem in Pastellfarben an.

Teile eines Puppen-Teeservices, um 1940
Bakelit, grün meliert, England. Höhe der
Kanne 5,5 cm

Drahtwaren

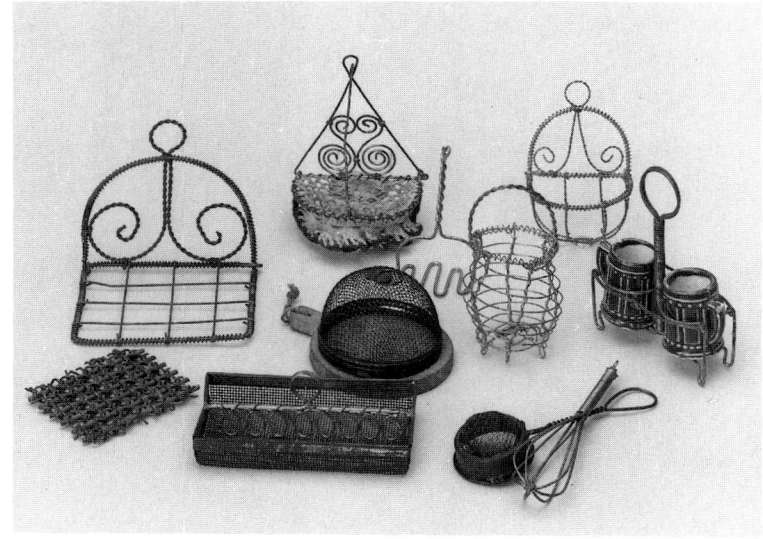

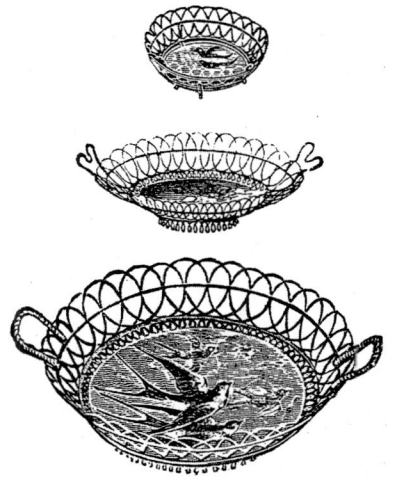

Obst- und Abfallkörbchen, um 1890
Draht mit Steingut

Etwas Unauffälliges, aber besonders Reizvolles sind die kleinen Drahtwaren in den Puppenküchen, die fast alterslosen Schneeschläger, Löffelhalter, Zwiebelkörbchen und -netze, die Tortengitter und Topfuntersetzer, die Salatschwinger, bzw. Eierkochkörbchen, die Stampfer, Flaschen- und Gläserträger, die Besteckkörbe, Speiseglocken und Haarsiebe. Häufig trifft man in Puppenküchen auch die kleinen Drahtkörbchen mit schön bemalten Steingutplatten an, die im großen Haushalt unter den Begriffen *Fruchtkorb* bei einem Durchmesser von 20-30 cm und *Abfall-* bzw. *Kartoffelschal-Körbchen* bei ca. 10 cm liefen.

Die meisten Drahtwaren sind typische Utensilien des 19. und des 1. Jahrzehnts des 20. Jahrhunderts, aber manche davon beispielsweise das Tortengitter und den Topfuntersetzer, gibt es heute noch.

Geräte und Maschinen

Manche der alten Küchengeräte in den Puppenküchen, wie beispielsweise die Reibemaschine oder der Fleischwolf, sind handbetriebene Vorformen unserer heutigen elektrischen Geräte. Andere Geräte, wie Zuckerbrecher oder Messerputzmaschinchen, gibt es längst nicht mehr. Ihr Zweck und ihre Funktion sind oft nur noch mit Vorkenntnissen verständlich. Einige besonders interessante, beziehungsweise seltene Puppenküchen-Geräte sollen deshalb im folgenden vorgestellt werden.

Brotschneidemaschinen

gab es spätestens in den 70er Jahren des 19. Jahrhunderts. Sie hatten rechtwinkelig zu einanderstehende Haltebretter und ein gebogenes Schneidemesser an einem Hebel, der beim Schneiden die Druckkraft verstärkte. Der kleine Puppenbrotschneider funktionierte in gleicher Weise, konnte jedoch nur Marzipan schneiden. Wie die große Brotschneidemaschine, so hat auch die kleine die Entwicklung zum Rundmesser mitgemacht, das sich erst in den 20er Jahren einbürgerte, aber bis heute das Grundprinzip auch der elektrischen Brotschneidemaschinen, bzw. Allesschneider geblieben ist.

Gläserne Buttermaschine

Als um 1900 die gläsernen Buttermaschinen auf den Markt kamen, gehörte das Buttern mit dem großen Butterfaß im eigenen Haushalt schon der Vergangenheit an. Butter kaufte man damals in speziellen Milch-Butter-Käse-Handlungen oder beim Bauern auf dem Markt.

Die Haushaltsbuttermaschine entsprang zu dieser Zeit einem Bedürfnis nach frischen, gesunden, unverfälschten Lebensmitteln, wie wir es auch heute kennen. *Köstliche Butter umsonst und vorzüglich schmeckende Buttermilch (ärztlich empfohlen) bereitet sich jede praktische Hausfrau selbst aus dem Rahm der täglichen Milch,* hieß es in einer Werbeanzeige von 1901.

Der Glasbehälter wurde mit Sahne gefüllt und mit dem Schraub-verschluß, an dem der hölzerne Quirl sitzt, fest verschlossen. Eine Übersetzung an der Handkurbel sorgte für relativ hohe Geschwindigkeit.

Eismaschinen

für die Puppenküche waren dickwandige isolierte Blechbehälter zum Einfüllen von Eis/Salz-Gemisch, in das der eigentliche Eisbehälter eingesetzt werden konnte. In Holzbottichmaschinen konnte während des Gefriervorganges die Eismasse gerührt werden.

Fleischwolf

Diese Maschinen zerschneiden Fleischfasern vollkommen und können ebenso gut zum Hacken von Spinat, Kraut etc. verwendet werden. (Haushaltskatalog von 1895)
Der Fleischwolf hat sich bis heute nicht vollständig von elektrischen Geräten verdrängen lassen. Es gibt ihn noch immer zu kaufen, auch als kleinen Puppenstuben-Wolf in Aluminium.

Glutpfännchen

sind eiserne durchbrochene Gefäße mit Holzgriff zum Wärmen, bzw. Warmhalten von Speisen (S. 14).

Kaffeeröster

Im 19. Jahrhundert wurde der Kaffee meist selbst gebrannt, erst um 1900 wurde er überwiegend fertig gekauft. Die rohe Bohne war je nach Herkunftsland gelblich, grau oder grünlich. Die grünlichen Sorten galten als die besten. Da die anderen Typen deshalb häufig grün gefärbt waren (mit Kupfervitriol!), mußten die Bohnen vor dem Brennen mehrfach gründlich gewaschen werden. Nach dem Trocknen füllte man sie in einen Röster, den es für jede Feuerstelle passend gab. Alle Kaffeeröster beruhten auf dem gleichen Prinzip, nämlich die Bohnen während des Röstvorgangs in einem geschlossenen Behälter gleichmäßig über dem Feuer zu bewegen. Der Luftabschluß sollte das Austreten der Aromastoffe verhindern.

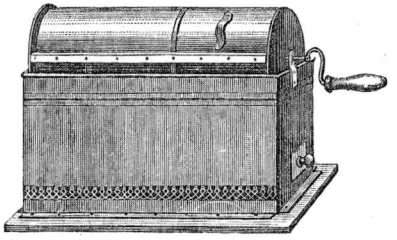

Verschiedene Kaffeeröster, letztes Drittel 19. Jahrhundert

Kaffee-Filtriermaschine, 1896

Kochkiste, um 1910
Blech, bedruckt mit zwei Einsatztöpfen.
Höhe 4 cm
(Historisches Museum, Frankfurt/M)

»Jugend-Selbstkocher«, 1909
(Märklin 4, S. 107)

Kochkiste

Die Kochkiste hat viele Namen und viele Erfinder. Auf der Pariser Weltausstellung von 1867 erschien sie erstmals offiziell; in einem Haushaltslexikon von 1884 wird sie als Sorensensche selbsttätige Küche erwähnt und in einem Kochbuch von 1904 als Richard Goehdes Selbstkochapparat.

Das Prinzip hat manche Hausfrau bereits viel früher angewandt: Um Energie und Zeit zu sparen, stellte sie die angekochte Speise, z. B. Reis ins Federbett und drückte rundum ein Kissen fest an. Nach einigen Stunden war der Reis fertiggegart. Genauso arbeiten die *Selbstkocher* bzw. Kochkisten: Eine angekochte Speise wird heiß im festverschlossenen Topf in einer Isolierhülle auf einer Temperatur gehalten, die ausreicht, den Garprozeß zu Ende zu führen.

Als ideale Ergänzung zum Gasherd wurde die Kochkiste in den berühmten Frankfurter Reformküchen der 20er Jahre des 20. Jahrhunderts als Standardelement eingebaut.

Für die Puppenküche boten die Gebrüder Märklin 1909 einen funktionierenden *Jugend-Selbstkocher* an.

Messerputzbänkchen

für die einfachen Eisenmesser, die sich gut schärfen ließen, aber leicht rosteten, gab es in den meisten Haushalten. Es handelt sich um einfache mit Schmirgelleinwand bezogene Holzbänkchen, mit einem Lederriemchen *zum feineren Abziehen des Stahls.*
Das Messerputzmaschinchen erledigte das Entrosten mit zwei eng aneinandersitzenden Rollen, die mit einer Handkurbel gedreht werden konnten.

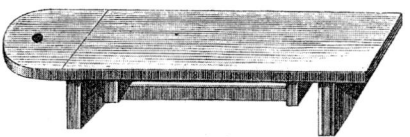

Messerputzbänkchen, um 1880
Holz

Der Milchwärmer

war eine praktische Erfindung für Mütter, die nachts oder zu Tageszeiten, an denen der Herd nicht geschürt war, Milch für ihre Kleinen wärmen mußten. Er war nach Art eines Rechauds konstruiert.

Petroleumlampen

sind nicht so alt, wie gern angenommen wird. Der weltweite Handel Amerikas war erst ab 1859 nennenswert, so daß in Europa die Petroleumlampen und -kocher vor 1860 keine Rolle gespielt haben können.

Milchwärmer, 1880

Reibemaschinen

gehören zu den beliebtesten Maschinchen in den Puppenküchen der letzten 100 Jahre. Der Gußeisenkörper entspricht jeweils dem Zeitstil.

Schneeschläger

waren einfache Drahtbesen, die man heute noch kennt, oder Geräte in Form hoher Blechdosen, in welchen eine knapp eingepaßte, durchlöcherte Blechscheibe (manchmal auch mehrere) an einem langen Griff schnell auf und ab bewegt werden kann.

Wachsstockdosen

sind Gebrauchsbehälter für Wachsstöcke, deren Ende durch das Loch des Deckels ragt und bei Bedarf nachgezogen werden kann. Der Wachsstock selbst ist eine vor allem im 16.-19. Jahrhundert beliebte Lichtquelle, eine aufgewickelte sehr dünne lange Kerze.

Reibemaschine, 1896

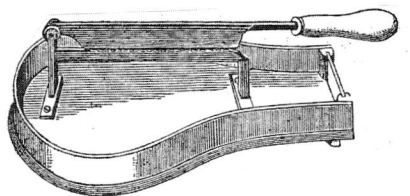

Zuckerbrecher, 1880

Eischneeschläger, 1896

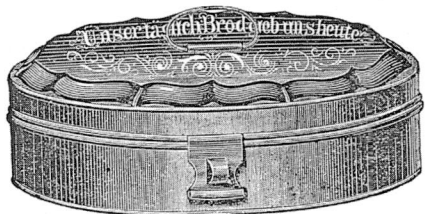

Brotbüchse, um 1880

Backutensilien aus Puppenküchen, 2. Hälfte
19. Jahrhundert
Höhe des Tisches 24,5 cm

Zuckerbrecher

Erst nach 1800 erwuchs in Europa dem bisher importierten Rohrzucker Konkurrenz durch den einheimischen Rübenzucker. Zucker verlor damals den Charakter des kostbaren Küchengewürzes. Die Handelsformen des Zuckers waren Kandis, Hutzucker und Sand- oder Streuzucker. Hutzucker wurde aus Melis, einer mittleren Zuckerqualität, vornehmlich aus Rübenzucker, gewonnen. Die harten Hüte konnte man in ein Tuch einschlagen und mit dem Hammer zerkleinern. Aber es gab auch schön gearbeitete, stabile Zuckerbrecher. Ein derartiges Werkzeug ist in der Puppenküche um 1860/70 auf S. 21 zu sehen. Am langen Hebel wird der zwischen Brett und Schneide festgehaltene Hut zertrümmert.

Waschgerät

Bis ins Zeitalter der elektrischen Waschmaschinen nach dem zweiten Weltkrieg konnte man für Kinder einfache hölzerne Waschutensilien kaufen, wie Waschschaff auf einem Bock, Waschbrett und Wringmaschine; meistens waren auch noch Klammern und eine Haspel für die Wäscheleine dabei. Diese einfachen Geräte hatten früher auch im großen Haushalt Verwendung gefunden. Die einen wuschen damit armselig in der Küche, die anderen hatten eine Waschküche zur Verfügung, die auf dem Land meist in einem kleinen Anbau und in der Stadt im Keller untergebracht war. Getrocknet wurde auf dem Trockenplatz im Garten bzw. auf dem Dachboden.

Der Trockenplatz im Freien hat im Spielzeug seinen Niederschlag gefunden. In alten Musterbüchern gibt es den Trockenplatz aus Holz und in unserem Jahrhundert aus Blech: *Wäschetrocken-*

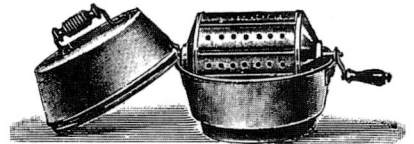

Puppen-Waschmaschinen, 1909
(Märklin 4, S. 58)

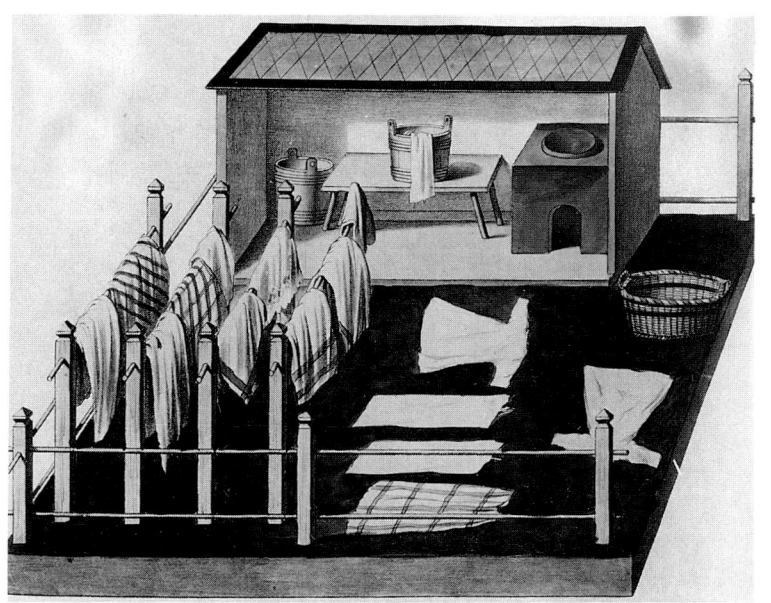

Trockenplatz, 1850/60
(Nürnberger Musterbücher, S. 75)

Puppen-Waschmaschine, 1899
(Herz & Ehrlich, Breslau)

Puppen-Waschmaschine, 1950/60
Blech, »Wash-o-mat« mit Sichtfenster,
Ablaufschlauch und Kurbel. Höhe 14,5 cm

platz, feinst lack. zusammenlegbar, enthaltend: 1 Blechboden, 1 Brunnen, 1 Schaff, Wringmaschine mit Gummiwalzen, 1 Gießkanne, 1 Waschbrett, 1 Bank, 4 Wäschestangen, 1 Waschseil, 3 Wäschestücke. M. 1.80 annonciert der Spielwarenhändler Borho in Baden-Baden um 1913. Ungefähr zur gleichen Zeit bot der Wiener Spielwarenhändler Ant. C. Niessner eine komplette *Waschküche* an mit *Puppe, Ofen, Tisch, Waschrolle, Waschtrog auf Ständer, Waschmaschine und vieler Puppenwäsche.* Größenangaben fehlen leider.

Wer es sich leisten konnte, hatte eine Waschmaschine, auch in der Puppenküche. Allerdings sind Waschmaschinen für Kinder erst relativ spät gemacht worden. Im großen Haushalt standen die ersten schon Ende des 18. Jahrhunderts! Die frühen Maschinen wurden mit Hebeln oder Handkurbeln bewegt. Ähnlich arbeitende *Puppen-Waschmaschinen* bot der Hersteller und Verleger Herz und Ehrlich in einer *Illustrirten Preisliste* 1899 mit folgendem Kommentar an: *Puppen-Waschmaschinen, mit denselben lässt sich Puppenwäsche wirklich praktisch waschen, so dass dieselben sehr geeignet sind, das Interesse kleiner Mädchen für häusliche Tätigkeit zu wecken.*

Die Gebrüder Märklin, Göppingen führten 1909 *Waschmaschinen zum Aufsetzen auf Kochherde. In verschlossenem Gefäss rotierende, perforierte Trommel. Praktische Konstruktion. Mit Holzgriff, 9 oder 12 cm hoch;* und außerdem eine *Waschmaschine freistehend, mit Schwarzblech-Rechaud mit Messingbeschlag, Holzgriffen und eigener Spiritusheizung . . .,* 1919/21 einen *Kochherd mit Waschkessel.*

In den 20er/30er Jahren wurden für die Puppenküche Bottichwaschmaschinen mit Hebel und Wringwalzen in Zinkguß produziert. Diese Maschinchen erlebten nach dem zweiten Weltkrieg eine beachtliche Neuauflage, mußten jedoch schon bald mit den modernen »elektrischen« Waschmaschinen konkurrieren. Auch diese verfügten nur über ein altmodisches Flügelrad, das mit der Hand gedreht werden mußte, aber ihr Äußeres war »echt«: gerade Kastenform, rundes Sichtfenster, Abflußschlauch und allerlei nicht funktionierende Schalter.

Selbstverständlich gab es für Kinder Bügelbretter und Bügeleisen, Bolzen-, Kohle- und schließlich auch elektrische. Das Kind konnte damit wirklich bügeln. Mehr symbolischer Natur waren die kleinen Wäschemangeln, ob es sich nun um die hölzernen Kastenmangeln handelte (bei Bestelmeier Nürnberg 1803 und bei Niessner Wien um 1910 abgebildet) oder um die aufrechten mit den übereinanderliegenden Gummiwalzen (u. a. bei Märklin 1, Nürnberg 1895, Ullmann & Engelmann, Nürnberg, um 1900), sie hatten in Spielzeuggröße nur wenig Effekt.

Farbtafel
Waschgerät, 30er Jahre 20. Jahrhundert
Holz. Länge des Schrubbers 33 cm

Wäschemangel, um 1890
Zinn, Höhe 8 cm
(Historisches Museum, Frankfurt/M)

176

Der Kochherd

Das Kochen im offenen Feuer fraß große Mengen Holz, verrußte und verrauchte die Küche und quälte die Köchin durch abstrahlende Hitze.

Im Laufe der Jahrhunderte waren daher manche Versuche unternommen worden, die Küchenherde zu verbessern. Wirklich einschneidende Neuerungen entwickelten dann um 1800 gleich mehrere ökonomisch interessierte Laien bzw. Wissenschaftler, unabhängig voneinander, unter anderen der hessische Pfarrer Philipp Bus, der Geistliche und Mathematiker Josef Danzer in Altötting und der Amerikaner Benjamin Thompson, Graf von Rumford, ein Physiker und bayerischer Staatsmann in München. Sie alle propagierten das Kochen über dem geschlossenen Feuerraum. Geregelte Luftzufuhr, Konzentration des Feuers und volle Ausnutzung der Wärme durch geschicktes Umleiten der Abgase waren die wichtigste Voraussetzung für die Konstruktion eines *Sparherdes*.[56]

Charakteristisch für Danzers und Rumfords Herde sind Vertiefungen, sogenannte Kasserollen, die in die Herdplatte — bei dem einen in eine Kachel — bei dem anderen in eine Eisenplatte — eingelassen waren. In diese tiefen Kochmulden stellte man den eigentlichen Kochtopf so weit hinein, daß im allgemeinen nur noch der Deckel über der Herdplatte lag.

Neben derartigen *Kasserolle-Herden* ließ Danzer damals auch den Typ des gekachelten *Plattenherdes* bauen. Diese aufwendig vom Ofensetzer aufgemauerten Kachelherde erfreuten sich das ganze 19. Jahrhundert hindurch besonders in Süddeutschland, der Schweiz und Tirol großer Beliebtheit bei den Hausfrauen und Köchinnen, obgleich man damals schon die Wahl hatte, statt dessen einen Eisenherd zu nehmen. Die Entwicklung solcher ganz aus Eisen bestehenden, in manchen Gegenden *Kochmaschine* genannten Herde basierte auf den Erkenntnissen eines gewissen J. P. Bérard

Kohleherd mit Gas-Zusatzteil, 1927
Amateurfotografie, Regensburg

177

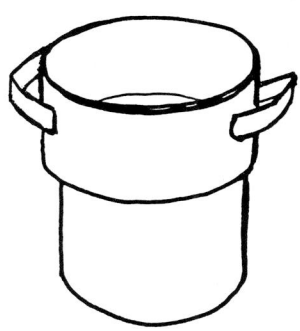

Absatztopf, Mitte 19. Jahrhundert

Ringtopf zum Einhängen ins offene Feuer,
Hellblau, innen weiß emailliert. Höhe 6 cm

Familienherd (für Erwachsene), 1902
(Brockhaus, Konversationslexikon)

und des schon genannten Grafen von Rumford und ist ebenfalls
schon um 1800 vorangetrieben worden.

Für eine gute Wärmeleitung waren sowohl für Herde mit Koch-
mulde wie mit Kochplatte Töpfe mit einem glatten Boden vonnö-
ten. Da die Töpfe und Pfannen jedoch häufig verbeult waren,
wurden sie schließlich auch auf diesen Herden bald wieder ins offene Feuer gehängt. Dafür konnte man je nach Topfgröße eine
Anzahl konzentrischer Ringe herausnehmen. Die älteren Einhän-
getöpfe hingen mit dem schmäleren Topfunterteil weiter in das
Feuer hinein, als das Oberteil herausragte. Bei späteren bis ins
20. Jahrhundert gebräuchlichen Einhängetöpfen war das Verhältnis umgekehrt, nur ein kleiner Abschnitt hing ins Herdfeuer. Diese letzteren Töpfe hatten außerdem keinen Absatz, statt dessen
einen Haltering.

5.

35.

65.

Kinder-Kochherde

Auf alten Abbildungen bis in die Mitte des 19. Jahrhunderts hinein ist im allgemeinen in Puppenküchen der einfache Küchenherd für »offenes Feuer« zu sehen. Der Eisenblechherd scheint sich allmählich in den 30er Jahren, in größerem Umfang aber erst um die Mitte des 19. Jahrhunderts, im Kinderzimmer eingebürgert zu haben. In dieser Zeit ist er bereits in verschiedenen Spielzeugmusterbüchern anzutreffen, beispielsweise bei G. Striebel, Biberach um 1850: Ein Blechherd mit aufgemaltem Backstein- oder Kachelmuster, drei messingfarbenen Türchen und einem Ofenrohr, er steht ohne Füße direkt auf dem Boden. Die Nürnberger Musterbücher um 1850/60 bieten zwei Herde und eine kleine Blechküche an, auf deren eintürigem Herd ein Kochtopf steht. Diese Küche gleicht einer kleinen Blechküche, wohl von Rock & Graner in Biberach um 1850 produziert, im Münchner Stadtmuseum.[57] Der Herd darin hat allerdings zwei Kochlöcher und zwei Türchen an der Frontseite. Ein weiterer kleiner Blechherd aus dieser Zeit mit zwei Türchen, Ofenrohr, vier Kochtöpfen und Kugelfüßen ist in einem anderen Nürnberger Spielzeugkatalog aus der Mitte des 19. Jahrhunderts zu sehen.

Herde dieser Art, handgearbeitet aus Schwarzblech, manchmal mit Messing eingefaßt, mit kugeligen, anderen einfachen oder gar keinen Füßen, mit Messingtürchen, die durch Riegel verschlossen wurden, mit Ofenrohr und tief eingehängten Töpfen mit meist hohen Deckeln sind die Puppenherde alten Typs. In den Spielzeugabteilungen vieler Museen sind sie anzutreffen. Später, im letzten Drittel des 19. Jahrhunderts, wurden die Bleche zum großen Teil üppig geprägt und statt der einfachen Füße finden sich nun Löwenpranken aus gegossenem Messing oder Messingblech.

Im Hauptkatalog von 1895 bot Märklin *Kochherde fein emaillirt mit Blumendecoration* an und kurz danach lieferte sowohl die Aktiengesellschaft der Holler'schen Carlshütte bei Rendsburg wie auch die Firma Herz & Ehrlich, Breslau (1899) *mit Emaillelack farbig abgesetzte Herde.*

Farbtafel
»Kinder-Kochherde lackirt und broncirt«, Ende 19. Jahrhundert mit gußeisernen und blechernen emaillierten Geschirren. Angebot der Holler'schen Carlshütte AG bei Rendsburg. Chromolithographie
(Slg. B. ten Kate, Amsterdam)

Nach 1900 wurden die geschwungenen Beine und Löwenfüße von mehr oder weniger geraden Beintypen abgelöst und den sonst meist noch recht altertümlich aussehenden Herden untergesetzt. Zu dieser Zeit wurden Herde jeglichen Typs nebeneinander angeboten. Erst Ende der 20er/30er Jahre setzten sich glatte weiße Modelle mit unverzierten geraden Beinen allmählich durch.

Herd mit Rückwand, um 1900
Blech mauerartig geprägt, Blechgeschirre.
Höhe (mit Wand) 16 cm

Herde mit geraden Beinformen
links: Herd 1910/20 Blech, mauerartig geprägt, vernickelte Beschläge, hochstellbare Seitenklappen, angeschraubte Beine. Höhe (ohne Kamin) 26 cm. (Besitz: Kim Krier, Frankfurt/M)
rechts unten: Herd, 1910/20 Blech mit bronzierten Beschlägen, Sockelbeine, Höhe (ohne Kamin) 12 cm, (wohl Moses Konstam, Nürnberg)

Herd, um 1910
Blech mauerartig geprägt, Blechtöpfe, Por-
zellanknäufe, Höhe (ohne Kamin) 9,5 cm

Herd um 1900, Blech, Blechtöpfe mit
Messingdeckeln, Höhe (ohne Kamin) 3,5 cm

rechts: Puppenherd als Fotografen-Requisit,
um 1910. Fotografie, Ed. Blum / Hoffschild,
Frankfurt/M
(Fotoarchiv E. Maas, Frankfurt/M)

Energiequellen für den Puppenherd

Neben den in Serie gefertigten Blechherdchen hat es bis in unser Jahrhundert massive Eisenherde zum »richtig Einheizen« gegeben. Sie waren vom Handwerker meistens als Gesellenstücke gemacht, daher stimmte die Anordnung des Rosts, des Aschenkastens und des Backofens im Innern, und daher waren auch die Züge für die Abgase den großen Herden exakt nachgebildet.

Solange in den großen Küchen noch ein Rauchfang über dem Herd existierte, konnten die Kinder ihren kleinen Herd auf Mutters großen stellen und ein richtiges Feuer machen, der Rauch zog durch den großen Rauchfang ab. Ohne diesen konnte man freilich nur im Freien kochen.

Frühzeitig hat es daher für die kleinen Herde, die weiterhin von außen ganz »echt« aussahen, eine Spiritusbeheizung gegeben. Von einem *großen Kochofen* mit einer *hübschen Weingeistlampe* ist bereits in Julie Bimbachs Kochbüchlein für die Puppenküche von 1854 die Rede.

In den meisten Kinderkochbüchern wird auf die Gefährlichkeit der Spiritus-Kocherei hingewiesen; kein Wunder, daß auch in manchen Lebenserinnerungen dramatische Erlebnisse mit diesem explosiven Heizmaterial erzählt werden:

Vom jahrelangen Kaltkochen waren wir Größeren endlich zum echten Kochen avanciert und hatten bereits unter Beweis gestellt, daß wir mit Spiritus umgehen konnten. Kaum war also Berta, unser Mädchen an ihrem freien Sonntagnachmittag ausgegangen, machten wir Kinder uns in der Küche breit. Der schwarze ererbte Blechherd stand auf dem Küchentisch, vom Mittagessen zurückbehaltene Knödelmasse und ein Stückchen Schweinebraten mit Sauce waren aus der Speisekammer herbeigeholt, die Kochtöpfchen und Puppengeschirre hervorgekramt. Hatten wir erst den Spiritus in den länglichen Behälter gefüllt, entzündet und seitlich

Handgearbeiteter Puppenherd, um 1900
Amateurfoto
(Sig. L. Stiegel, Rödermark)

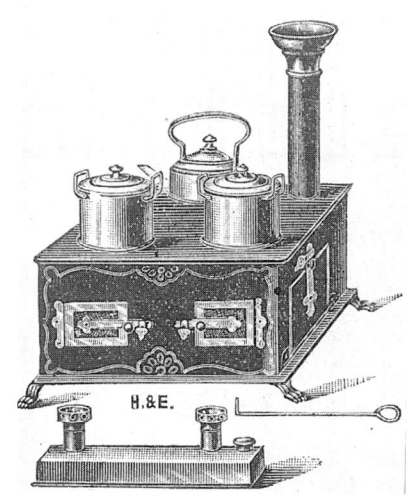

Kinder-Kochherd mit gesetzlich geschützter Spirituslampe.
(Herz & Ehrlich, Breslau, 1899)

184

Herd mit Spirituslampen, um 1930
(Schmincke & Haase, Göttingen)

Nr. 11397. Backofenherd,
sehr solide hergestellt aus blaupoliertem Stahlblech
mit blanker Stahlplatte. Die Backröhre enthält zwei
Backpfannen und im übrigen werden 3 Stück Geschirr zu Kochzwecken beigegeben. Die explosions-
sicheren Spiritusheizungen sind mit 5 Flammen nach
vorn ausziehbar. Länge 25 cm,
Breite 16 cm, Höhe 22 cm. Stück Mk. 4.80

Backofenherd
(Stukenbrok, Einbeck, 1912, S. 131)

in den Herd geschoben, das Salzwasser aufgesetzt, die winzigen Knödel gedreht und den Schweinebraten zum Wärmen an die kühlere Seite des Herdes gerückt, so standen wir im Kreis um das Herdchen und starrten aufmerksam in den Knödeltopf. Wer wollte schon den Moment verpassen, wenn das Wasser endlich zu sprudeln anfing und wir abwechselnd Knödel um Knödel einlegen konnten. War es endlich so weit, daß die Knödel im Wasser schwammen, ließ meist das Kochen allmählich nach, weil die Spiritusfüllung nicht ausreichte. Da hieß es nachfüllen. Aber kaum hatte mein Bruder aus der grünen Flasche etwas nachgegossen, da gab es einen Knall, und unter heftigem Puffen spritzte Spiritus aus dem wohl zu heißen Behälter und bildete mehrere brennende Pfützchen auf dem Boden. Stumm vor Schreck trampelten wir wie wild die Flammen aus. Ich erinnere mich noch heute, welche Angst ich hatte, meine karrierten braunen Filzstiefelchen könnten Feuer fangen. — Nach getaner Löscharbeit verzogen wir uns alle ins Bad, rieben unsere blaßen Gesichter bis die Bäckchen wieder rot waren, damit nur ja niemand etwas merkte. Sonst hätten wir womöglich wieder »Kaltkochen« müssen! (E. P., geb. 1934)

Spiritus war keineswegs ungefährlich. Schließlich hat man sogar gewagt, Kinderherde ans Stadtgas anzuschließen. Die Gebr. Märklin, Göppingen kommentierten 1902 ihr Angebot an Kinder-Gasherden wie folgt: Die Art der Gaszuführung geschieht ähnlich wie bei jedem Gaskocher. Das Anschlußmundstück befindet sich in dem Ende der sogenannten Schutzstange, die hier gleichzeitig die Zuleitung zu den einzelnen an der Stange angeordneten Hähnchen bzw. Brennern bildet.[59]

Kochen mit Elektrizität war weniger gefährlich als Kochen mit Spiritus oder Gas. Weil die Elektroherde teuer waren — übrigens bei Märklin spätestens ab 1909 auf dem Markt — konnten sich die Spiritusherde noch lange behaupten. Die billigen Blechherdchen wurden außer mit Spiritus z. T. auch mit Teelichten und in den letzten 35 Jahren mit Trockenspiritus (Esbit) betrieben.

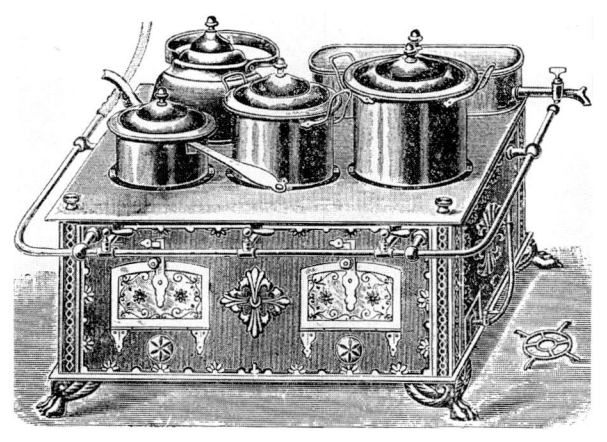

Gasherde für Kinder, linke Seite

oben links: Gasherd
(Märklin 1, 1900-1902, S. 147)

oben rechts: Puppen-Kochherd für Gas-
feuerung mit Regulierbrennern
(Märklin 4, 1909, S. 96)

links unten: »Gasherd«, um 1910
Blech, weiß lackiert mit hellblauen Zier-
linien, für Spiritus. Höhe 13,5 cm

rechts unten: »Gasherd«, um 1930
Blech, weiß lackiert, bzw. vernickelt, für
Spiritus oder Teelichte, Höhe 14 cm

Mitte oben: »Gasherd«, 30er Jahre
Schwarzblech mit Messingstange, Ringe,
auf weiß lackiertem Blechtisch, für Spiritus.
Höhe ohne Tisch 3,5 cm

Mitte unten: Gas-Kochapparat für Kinder,
um 1913
(Borho, Baden-Baden)

Elektroherde für Kinder, rechte Seite

oben: Elektroherd
(Märklin 4, 1909, S. 124)

Mitte links: Elektroherd, um 1920
weiß emailliert, Einfassung vernickelt.
Höhe 13 cm

Mitte rechts: Puppen-Elektrokocher
mit Dampfkochtopf, 30er Jahre 20. Jahrhundert
Kocher: Aluguß mit Holzgriffen, Höhe
4,5 cm. Topf: Aluminium mit Bakelitgriffen.
Höhe 7,5 cm. (Evtl. sind beide Objekte in
den 50er Jahren produziert)
(Slg. Blömer, Frankfurt/M)

unten links: Elektroherd, 30er Jahre
20. Jahrhundert Blech weiß lackiert, bzw.
vernickelt. Mit runder und ovaler Platte
(»Omega« No 139). Höhe 17 cm

unten rechts: Elektroherd »Bruzelette«,
um 1960
Höhe 13 cm

Hersteller von Blechherdchen

Mitte des 19. Jahrhunderts haben, wie oben schon gesagt, Biberacher Spielzeughersteller Blechherde gemacht. Rock & Graner aus Biberach war wie die Fürther Firmen C. Henglein und Ph. Wüstendörfer auch auf der Weltausstellung in Wien 1873 vertreten. Von den beiden letzteren ist ausdrücklich angegeben, daß sie Kinderkochherde ausstellten. Meistens jedoch beschränken sich die Angaben der Firmen bei Industrie- und Gewerbeausstellungen und in Adreßbüchern und Industrieführern auf den Sammelbegriff »Spielwaren«. So sind auch unter den vielen Spielzeugherstellern, die im Führer durch die sächsisch-thüringische Exportindustrie in Dresden 1897 zitiert sind, nur zwei dabei, die ausdrücklich *Kinderkochherde und stumpfkantiges Hausgeräth* annoncierten, die Firma Clemens Kreher in Marienberg in Sachsen und Gustav Fischer & Co in Zöblitz im Erzgebirge, obgleich es sicher wesentlich mehr waren. Man weiß tatsächlich sehr wenig über Spielzeughersteller.

Eine Ausnahme machen die Produzenten, welche mechanisches Spielzeug herstellten, insbesondere die Fa. Gebrüder Märklin, Göppingen. Ihre Firmengeschichte ist geschrieben und anhand der vielen für die Eisenbahnsammler nachgedruckten Kataloge kann man sich auch von der Puppenherdproduktion des ausgehenden 19. und der ersten 30 Jahre des 20. Jahrhunderts ein Bild machen. Die Firma hat vom Anfang ihres Bestehens an, also schon ab 1859 Blechhausrat für Puppenküchen hergestellt und dürfte der Produzent mit dem größten Angebot an soliden Puppenherden überhaupt sein.

Ihre Herde finden sich in Händlerkatalogen des In- und Auslandes, auch in den Warenlisten anderer Blechspielzeughersteller. So haben beispielsweise die Firmen Ullmann & Engelmann und Moses Kohnstam, beide in Nürnberg, neben einfacheren wohl eigenen Produkten auch die besseren Herde von Märklin in ihren Katalogen von ca. 1900 bzw. 1928-30.

Interessant dürfte in diesem Zusammenhang auch die Blech- und Metallwarenfabrik F. & R. Fischer sein, die wie Märklin in Göp-

Herd der Fa. F. & R. Fischer, Göppingen »mit Messingbeschlag, Schutzstange und geschliffener Herdplatte. Kochtöpfe, Chokoladensprudler, Wasserschiff aus Weissblech mit Messingdeckel, Casserol und Kessel aus Messing«
(Preisliste Fischer, Göppingen, 1896)
Identisch angeboten von der Fa. G. R. Schiele, Lager in Küchen- und Hausgeräthen, Frankfurt. Preisliste 1884

Herd. der Fa. Gebr. Märklin, Göppingen
»Schwarzblech mit geschliffener Platte,
Messing-Einfassung. Schutzstange und
Messing-Thüren. Kochgeschirr Weissblech
mit Messing-Deckel« (Hauptkatalog 1895,
Märklin 1, S.99)

Herd der Fa. C. W. Engels (Engelswerk),
um 1910
Blech geprägt, Goldlinien, Beschläge Messing, für Spiritus, 2 Blechtöpfe. Höhe
(ohne Kamin) 7 cm
(abgebildet in: Engels, Foche/Solingen,
1913)

Herd der Gebr. Märklin, um 1900
Blech, geprägt, Goldlinien, Beschläge Messing, für Spiritus, 4 Weißblechgeschirre mit
Messingdeckeln. Höhe (ohne Kamin) 17 cm
(abgebildet in: Märklin 1, S.147, jedoch mit
einfachen Löwenfüßen, Wasserschiff ohne
Hahn)

pingen ansässig war. In einem Katalog von 1896 werden von dieser Firma eine ganze Reihe nur minimal vom Märklinschen Angebot abweichende Puppenherde angeboten. Entweder hat die Firma F. & R. Fischer für die Gebrüder Märklin gearbeitet oder deren Ware vertrieben. Vielleicht hat aber auch eine der beiden Firmen die andere kopiert.

Die wichtigsten Hersteller von Blechherden waren u. a. auch die Firmen C. W. Engels, Foche/Solingen, Herz & Ehrlich, Breslau, Ernst Plank, Nürnberg und Gebr. Bing Nürnberg; nach dem Zweiten Weltkrieg die Firmen Kindler & Briel (Kibri) in Böblingen und vor allem die Firma Fuchs (MFZ) in Zirndorf bei Nürnberg.

Puppenkochbücher

Eines der ersten gedruckten Kochbücher für Kinder war wohl das
*Kochbüchlein für die Puppenküche oder erste Anweisung zum
Kochen für Mädchen von 8-14 Jahren* von Julie Bimbach, 1854
(2. Aufl.) in Nürnberg herausgegeben. Sie hatte ihren eigenen Angaben zufolge die meisten Rezepte aus dem *Löffler'schen Kochbuch* übernommen, auf kindgerechte Maße umgerechnet und
handschriftlich ein kleines Kochbuch daraus gemacht, das sie ihren eigenen Kindern zusammen mit einem *großen Kochofen...
von der fernen Großmutter* unter den Weihnachtsbaum legte.
Aus der Erfahrung heraus, daß ihre Töchter beim Kochen nach
diesem Büchlein allerlei gelernt hatten *(Sie wußten einen Hefeteig,
einen Butterteig anzumachen, begriffen die Proportionen, und als
sie nun wirklich in das Alter traten, in welchem jedes tüchtige
Hausmädchen kochen lernen muß, hatten sie sich bereits eine
Menge Vorkenntnisse erworben, die ihnen wohl zu Statten kamen),* sah sich Julie Bimbach veranlaßt, *jenes kleine
Kochbuch... dem Druck zu übergeben zur Freude und zum Nut-
zen vieler Kinder.* Eine Restauflage des immer wieder aufgelegten
Kochbüchleins wurde übrigens noch 1947 verkauft!
Im Lauf dieser knapp 100 Jahre erschien ein Puppenkochbuch
nach dem anderen; die meisten davon erlebten ebenfalls viele Neu-
auflagen, manche wurden unter neuen Titeln von anderen Verfas-
sern und Verlagen neu herausgebracht.[58]
Einige mit großer Verbreitung seien hier noch aufgezählt: Christi-
ne Charlotte Riedel: *Die kleine Köchin,* Lindau 1854. Marianne
Natalie: *Allerliebstes Puppen-Kochbuch für kleine Mädchen,* Berlin 1855. Henriette Löffler: *Löfflers kleines praktisches Kochbüchlein für die Puppenküche,* 1860. Marie Schneckenberger: *Die
kleine Köchin. Allerliebstes Puppen-Kochbüchlein für brave
Mädchen.* Emil Gutzkow, Stuttgart o. J. Tante Betty: *Nürnberger
Puppenkochbuch,* Nürnberg 1892. Anna Jäger: *Haustöchterchens Kochschule für Spiel und Leben,* Ravensburg 1895
(3. Aufl.). *Puppen- und Kinderkochbuch,* um 1900 von Märklin

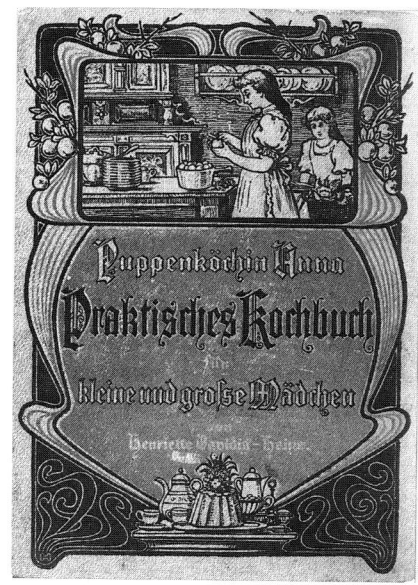

Titel eines Kinder-Kochbuchs von 1891

190

Titel eines Kinder-Kochbuchs von 1896

Titel eines Kinder-Kochbuchs von 1953

vertrieben. Bertha Heyde: *Die kleine Puppenköchin. Praktische Anleitung zum Kochen*, Stuttgart 1907. Grete Geiringer: *Das Puppenkochbuch. Vierundzwanzig Speisen für den Puppentisch*, Rikola-Verlag 1922. M. Haarer: *Kleines Kochbuch für Kinder*, Eßlingen (1953).

Keines dieser Kochbüchlein, kein Beschäftigungsbuch für Mädchen versäumte die Gelegenheit, auf die Bedeutung hinzuweisen, welche das spielerische Kochen für die Entwicklung des jungen Mädchens zur tüchtigen Hausfrau haben kann. Die für gewöhnlich den Rezepten vorangestellten Ratschläge entsprechen — in kindlicher Fassung — den Einleitungen der Koch- und Haushaltungsbücher für erwachsene Frauen. Als Beispiel sei die Geschichte von einem tüchtigen *Lieschen am Kochherd* wiedergegeben: *Lieschen wußte genau, was zu einer vollständigen Kücheneinrichtung gehört . . . und auch, worauf es beim Kochen ankommt:*

Jede kleine Köchin muß eine möglichst große, saubere Schürze mit Latz umhaben und tadellos reine Hände. Auch dürfen einer kleinen Köchin die Haare nicht um den Kopf fliegen, sonst fallen welche in die Suppe oder den Brei, und das verdirbt den Appetit. Sauberkeit muß eine der Haupteigenschaften der kleinen Köchinnen sein, und deshalb soll sie auch lieber ein Küchenhandtuch oder Wischtuch zu viel als zu wenig in Gebrauch nehmen.

Daß alle Kochgeschirre sehr sauber sein müssen, versteht sich von selbst, und daß die Gefäße mit eßbarem Inhalt durch Deckel und Tücher gegen Staub und Fliegen geschützt werden müssen, ist auch selbstverständlich. Alle Geräte, besonders die, welche man zu Sardellen, Zwiebeln u. dgl. benutzt, müssen sobald als möglich gereinigt werden.

Haltet in eurer Küche auf Ordnung, damit ihr jeden Augenblick die nötigen Dinge findet und nicht erhitzt und verzweifelt umherlauft und sucht, während die Suppe überläuft und der Braten verbrennt.

Auch Pünktlichkeit gehört zum Kochen und genaue Befolgung aller Vorschriften, welche zur Bereitung eines Gerichtes gegeben sind. Auch Sparsamkeit ist anzuraten, man soll nichts unnötig verschwenden oder verderben lassen. Wer das nicht lernt, wenn er noch klein ist, der lernt es nie.[60]

An die Sammler

Sammler erwarten von einem Buch über ihr Sammelgebiet meistens vor allem Informationen, die es ihnen ermöglichen, ihre eigenen Objekte einer bestimmten Zeit und einem bestimmten Umfeld zuzuordnen und nach Möglichkeit etwas über die Hersteller und die Seltenheit zu erfahren.

Beim Thema Spielzeug ist es besonders schwer, solche Hoffnungen zu erfüllen, denn Spielsachen sind mehr noch als andere Gegenstände des täglichen Gebrauchs über sehr lange Zeiträume in ein und demselben Muster gemacht worden. Hauswirtschaftliche Spielsachen entsprachen außerdem nicht in demselben Umfang wie technisches Spielzeug dem modernen Stand in der Welt der Erwachsenen. Man findet Geräte und Küchen über 20, 30 und

Puppenküche mit Einrichtung in der Art
Ende 19. Jahrhundert
abgebildet in Spielwarenkatalogen
von ca. 1910 und 1930
(Niessner, Wien)

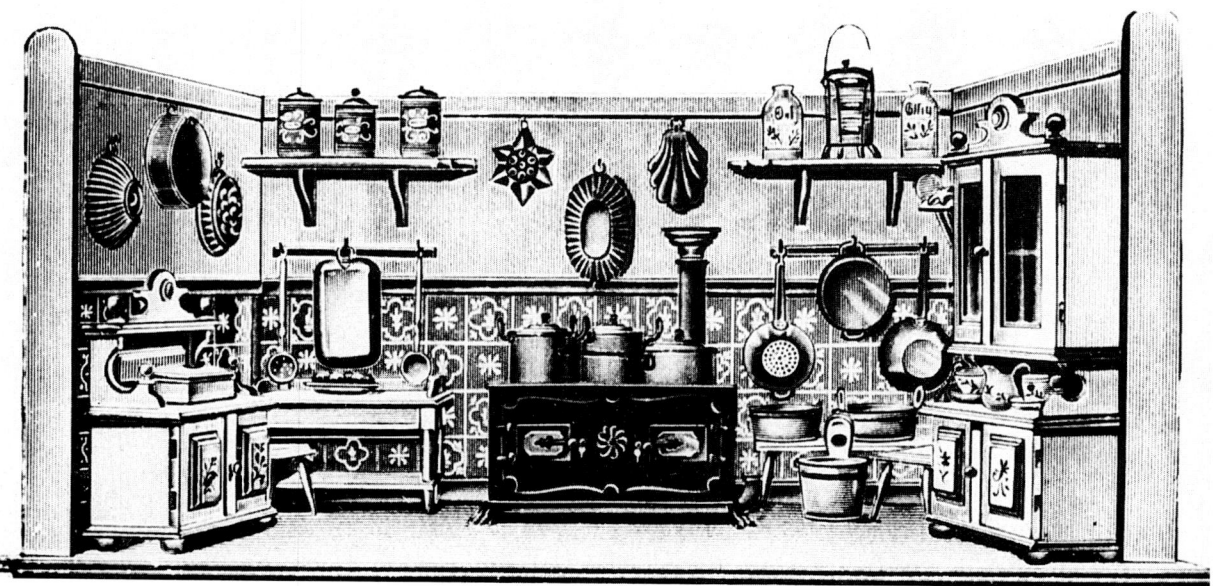

Biedermeierliche Puppenküche
angeboten in einem Katalog von 1893
(Söhlke, Berlin)

mehr Jahre verschleppt. So hat zum Beispiel der Wiener Spielwarenhändler Anton C. Niessner in seinem Katalog von ca. 1910 eine Puppenküche in zeittypischem Gehäuse mit Kacheltapete angeboten, die mit Mobilar im Stil der 90er Jahre des 19. Jahrhunderts eingerichtet ist. Dieselbe Puppenküche erscheint unverändert in seinem Katalog von 1930.

Als weiteres Beispiel für viele kann eine kleine Puppenküche im *Preis-Courant* der *Spielwarenfabrik G. Söhlke, Berlin* gelten: 1892 wurde diese biedermeierlich anmutende Küche verkauft! Hätte man genügend ältere Kataloge der Firma Söhlke, so könnte man diese Küche wahrscheinlich zurückverfolgen.

So weit das Problem, das die Kataloge aufwerfen; was nun die Originale anlangt, so ist die Situation nicht weniger schwierig. Puppenküchen kommen nur ausnahmsweise in ihrem Originalzustand auf uns. Meistens sind sie von Generationen von Eltern erneuert und verändert worden. Jede Generation hat den Stempel ihrer Zeit aufgedrückt, zumindest alte Gegenstände entfernt und neue hinzugefügt, aber manchmal auch in anderen Farben gestrichen, neue Tapeten geklebt, oder sogar das Gehäuse umgebaut.

Bei der auf Seite 66 abgebildeten Puppenküche handelte es sich beispielsweise ursprünglich um ein kleineres Gehäuse, das an der Rückwand unter der hellen Farbe noch Spuren eines alten Rauchfangs erkennen läßt und auch noch den ursprünglichen Spülstein aus der Zeit der Anfertigung in den 70er Jahren des 19. Jahrhunderts besitzt. Später wurde die Speisekammer angefügt und nach 1900 das helle Kachelmuster auf die original bräunliche Farbe aufgetragen und die Küche und Speisekammer schließlich mit modernem Mobilar, Geschirr und noch später mit einem Elektroherd ausgestattet.

In der wirtschaftlichen Flaute der 20er / 30er Jahre wurde sehr viel modernisiert und nicht einfach beiseite gestellt. Der Drang zur Zweckmäßigkeit und Vereinfachung in dieser Zeit hat sicher so manche Eltern dazu verführt, die Ratschläge »Aus Alt mach Neu« in Zeitschriften und Ratgeberbüchern nicht nur auf die großen Möbel sondern auch auf die Puppenküchen anzuwenden und *sinnlose Verzierungen, plumpe Beschläge und überflüssige Leisten* abzunehmen. Vermutlich sind auch in dieser Zeit die meisten

Häkelspitzen-Garnituren abgenommen worden, die im ausgehenden 19. Jahrhundert in den Puppenküchen wie in den großen Küchen an den Borden und den Brettern des Küchenschranks entlangliefen.

Folglich ist also nicht einmal diejenige Küche, die man aus Familienbesitz bekommt, mit Sicherheit authentisch. Aber sie ist so gewachsen und hat ihre eigene Geschichte. Kulturgeschichte hat nichts Statisches. Jeder Zeitpunkt, den man herausgreift, ist willkürlich. Am vernünftigsten wäre es also, eine durch Generationen stark veränderte Küche so zu belassen, wie sie nun einmal ist, anstatt einen »ursprünglichen« Zustand anzustreben, der kein uspründlicher Zustand sein kann, weil zwangsläufig heutige Vorstellungen, heutige Materialien usw. mit eingingen.

Man findet allerdings manchmal noch Puppenküchen, die relativ wenig Veränderungen erfahren haben, die ohne Beschädigung auf den Originalzustand zurückgeführt werden könnten. In diesem Fall sollte man gewissenhaft genug sein, aufzuschreiben, wie man das Objekt vorgefunden, welche Zutaten aus späterer Zeit man herausgenommen und welche alten Objekte man eingefügt hat. Gut wäre es, alles fotografisch zu dokumentieren, am allerbesten aber, alles zu dieser Küche Zugehörige zu kennzeichnen und zu verwahren.

Das Gleiche gilt übrigens auch für Fälle, in denen der Sammler hingerissen von neuerworbenen besonders schönen Einzelteilen es nicht übers Herz bringt, sie nicht in eine vorhandene Küche zu integrieren. Man sollte die neuen Dinge ebenfalls kennzeichnen wie die ursprünglichen und diese letzteren gut verwahren. Besonders bedauerlich ist, daß häufig moderne Küchen, die ohnehin ziemlich selten sind, »entkernt«, die Gehäuse »gealtert« und dann entsprechend »alt« eingerichtet werden. Es gibt vielleicht so etwas wie eine Verpflichtung, Dinge, die nur selten greifbar sind, in ihrer zeittypischen Eigenart zu bewahren! Andererseits braucht sich kein Sammler einmal gemachter Fehler zu sehr zu schämen. Er steht bestimmt nicht allein, denn fast alle haben schon einmal »Sünden« begangen. (Ich erinnere mich beispielsweise an allerlei unbefangene Umstellungen in Puppenstuben, die ich einmal für ein Kinderbuch vorgenommen habe!) Übrigens sind auch Museums-

Puppenherd, um 1950
Blech, blau/weiß bedruckt. Stil der
20er Jahre, Höhe (mit Rückwand) 17,5 cm
Fa. Keim, Nürnberg

194

leute Menschen — ich kenne jedenfalls u. a. eine Museumspuppenküche, die in einer Veröffentlichung von 1961 mit schönem Blechgeschirr ausgestattet war. In einem Buch von 1975 erscheint sie dann mit Kupfer-, Messing- und vor allem mit hellblauem Emaillegeschirr, das viel mehr »hermacht«.

Nun aber zu einer anderen Gruppe von Puppenküchen, mit der es der Sammler in immer größerem Umfang zu tun hat, Küchen, die durch Sammler- und/oder Händlerhände gegangen sind. Nur in Ausnahmefällen kann man hier einen originalen Zustand annehmen. Im allgemeinen wird man erfahrungsgemäß davon ausgehen müssen, daß alles zusammen-»geschustert« ist. Nicht selten bekommt man sogar nur ein leeres Gehäuse und wird es dann nach und nach einrichten. In diesen Fällen trägt man natürlich keine Verantwortung für »unwiederbringliches Kulturgut«. Die besten Vorbilder für eine »richtige« Ausstattung wären Katalogabbildungen aus der Zeit des Gehäuses bzw. des Mobiliars. Denn, wenn man gerne systematisch sammelt und Befriedigung daraus zieht, daß man etwas komplett und relativ »stimmend« macht, ist es sicher nicht richtig zu sagen, »Puppenküchen sind durch Generationen gewachsen, folglich kann man alles kunterbunt einfügen«. Hat der Sammler aber keinen systematischen Anspruch, so kann er in diesen Fällen alles einfügen, wie es ihm Spaß macht. Er braucht dann auch keine wissenschaftlichen Alibis und dergleichen. Es ist nämlich sein gutes Recht, in kreativer Weise mit den Dingen zu spielen oder sich an seinem Besitz zu freuen. Es gibt wie überall verschiedene Wege, von denen weder der eine noch der andere verwerflich sein muß.

Konservieren — Restaurieren

Aus welchen Gründen und in welcher Weise auch immer sich der Sammler mit Spielzeug befassen mag, er ist mit den Problemen der Konservierung und Restaurierung konfrontiert, ja in gewisser Weise sogar »verpflichtet«, sich darum zu kümmern und nach Möglichkeit Historisches zu erhalten. Zunächst sind zwei prinzipielle Dinge zu unterscheiden, einerseits die Konservierung und andererseits die Restaurierung.

Die Konservierung ist das, worauf es eigentlich ankommt, nämlich ein Objekt zu erhalten und vor weiterem Verfall zu schützen. Da Spielzeug aus den unterschiedlichsten Materialien besteht und ohnehin jedes alte Stück einer individuellen Behandlung bedarf, können in dieser kurzen Abhandlung leider keine detaillierten Rezepte angegeben werden. Es läßt sich nur Grundsätzliches sagen: Mit dem Objekt soll — soweit möglich — auch seine Geschichte bewahrt werden. Alles, was über ein Spielzeug vom Vorbesitzer in Erfahrung gebracht werden kann, sollte notiert werden: Welchem Kind gehörte das Spielzeug? (Geschlecht, Geburtsjahr, Lebensumstände, d. h. soziale Stellung der Eltern, Geschwisterzahl, Wohnort). Wem hat das Spielzeug vorher gehört? Was erzählt der Vorbesitzer sonst noch?

Neuerworbenes Spielzeug wird auf Schädlingsbefall untersucht. Entdeckt man Spuren von Motten, Silberfischen, Pelz- und Kabinettkäfer oder Holzwürmer, so setzt man die Objekte in einem dichtverschlossenem Plastiksack über einige Wochen dem Insektizid einer reichlichen Menge Mottenpapier aus. Dabei kann man den direkten Kontakt mit dem Spielzeug durch Zwischenlegen von säurefreiem Seidenpapier vermeiden. Für Daueraufbewahrung ist übrigens keinesfalls Plastik zu verwenden, da aus der Folie nach und nach ein »Weichmacher« freigesetzt wird, der altes Material, besonders Textilien und Papier empfindlich schädigen kann.

Jedes Spielzeug wird zunächst, gleichgültig um welches Material es sich dabei handelt, entstaubt. Der Staub wird mit einem weichen Pinsel, eventuell auch mit einem Staubsauger (schwache Saugleistung!) entfernt. In letzterem Fall muß vorher Gaze oder anderes feines lockeres Gewebe über das Objekt gelegt werden, damit lose Partikel nicht etwa im Staubsauger verschwinden.

Oft ist Reinigung mit Wasser oder Lösungsmitteln notwendig, denn auch Schmutz kann unter Umständen zerstören. Allgemeingültige Vorschriften lassen sich aber für die risikoreiche Reinigung nicht machen.

Auch das manchmal unerläßliche Kleben oder Fixieren mit Nadel und Faden erfordert meistens Rücksprache bei Spezialisten.

Prinzipiell sollte man nur Maßnahmen anwenden, die man eventuell wieder rückgängig machen kann. Beispielsweise also niemals Superklebstoffe verwenden und keine selbstklebenden Materialien (wie Tesafilm und ähnliche), da letztere nach einiger Zeit nicht mehr entfernbare Flecken hinterlassen.

Restaurieren bedeutet Wiederherstellung des ursprünglichen Zustandes bzw. eine Annäherung an ihn. In vielen Fällen ist der ursprüngliche Zustand nicht mehr bekannt oder aus technischen Gründen nicht mehr erreichbar. In solchen Fällen würde man also nur einen mutmaßlichen bzw. neukonstruierten »Erstzustand« erzielen. Selbst bei günstigen Voraussetzungen bleibt gerade bei Spielzeug zu überlegen, ob ein Zurückführen auf einen früheren Zustand überhaupt richtig ist.

Mitunter ist die Entwicklung, die ein Objekt durchgemacht hat, sogar interessanter.

Insgesamt sollte man Mut zum abgenutzten Spielzeug haben. Spielzeug braucht ja nicht perfekt zu sein, denn es ist nicht im Sinne alter Gläser oder alter Porzellanfiguren kostbar. Es wird nicht durch einen Sprung entwertet, denn sein Wert liegt auf einer anderen Ebene: Denkt man kulturgeschichtlich, so ist Spielzeug so interessant, wie es aussagefähig ist; denkt man als ambitionierter Sammler, so ist es so liebenswert, wie es Spuren von Kindern zeigt und etwas von ihrem Spiel verrät.[61]

Anmerkungen

1 Marie Nathusius: Lebensbild der heimgegangenen. Bd. I Mädchenzeit. Halle 1867, S. 19
2 Georg Ebers: Die Geschichte meines Lebens. Stuttgart 1893, S. 120
3 Ludwig Ganghofer: Buch der Kindheit. Stuttgart 1922, S. 78
4 Anna Jäger: Haustöchterchens Kochschule. Ravensburg 1896, S. 28 f
5 Heidi Müller: Dienstbare Geister. Berlin 1981, S. 31 f
6 Michael Andritzky u. a.: Lernbereich Wohnen. Reinbek 1979, S. 259
7 Ein derartiges Haus heißt Rauchhaus, der Teer schützt die Balken vor Ungeziefer. Siehe auch: Alfred Faber: 1000 Jahre Werdegang von Herd und Ofen. München 1950, S. 5 f
8 Beispielsweise seien zwei Puppenküchen um 1750 genannt, die eine aus dem Besitz der Familie Schmarje im Altonaer Museum in Hamburg (abgebildet in: H. Schwindrazheim: Altes Spielzeug aus Schleswig-Holstein, Heide 1957, Abb. 27), die andere von der Familie von Leonhardi, Großkarben (abgebildet in: Chr. v. d. Marwitz: Spielzeug aus Frankfurter Familienbesitz, Frankfurt 1965, S. 109 u. Titel)
9 J. Rottenhöfer: Die gute bürgerliche Küche. München (1863) S. 4 (1. Aufl. 1858)
10 Hermann Kaiser: Herdfeuer und Herdgerät im Rauchhaus. Wohnen damals. Cloppenburg 1980, S. 54
11 Marie Leske: Beschäftigungsbuch für Mädchen. Leipzig 1865, S. 10 und S. 105
12 Carmen Sylva, zit. nach Paul Hildebrandt, S. 118
13 Fürstin Marie zu Erbach-Schönberg: Entscheidende Jahre. Darmstadt 1923, S. 66 f

14 Marie Leske: 1865 S. 108
15 Chr. v. d. Marwitz: Der kleinen Kinder Zeitvertreib. Darmstadt 1967, S. 97
16 Elly Gregor, Joh. v. Sydow: Lieschens Puppenstube. Leipzig (1894) S. 40 f (1. Aufl. 1888)
17 Josef August Lux: Die moderne Wohnung und ihre Ausstattung. Wien, 1905, S. 50 f
18 Rudolf Mehringer: Das deutsche Haus und sein Hausrat. Leipzig 1906, S. 97
19 Paul Hildebrandt: Das Spielzeug im Leben des Kindes. Berlin 1904, S. 118
20 Franz Schuster: Eine eingerichtete Kleinstwohnung. Frankfurt/M 1927
21 Catherine E. Beecher and Harriet Beecher Stowe: The American Woman's Home. New York 1869, S. 33, zit. nach Sigfried Giedion: Die Herrschaft der Mechanisierung. Frankfurt, 1982, S. 563
22 Kornelia Kopp: Ein Mädel will heiraten. Leipzig (1938), S. 6 f
23 dieselbe, S. 4 f
24 Schönheit des Wohnens. Sonderdruck aus: Der soziale Wohnungsbau in Deutschland. Folge 2/41 Berlin (1941), S. 1 f
25 Das Spielzeug. April/Mai 1943, S. 6
26 Sigfried Giedion: Die Herrschaft der Mechanisierung. Frankfurt 1982, S. 651
27 Amtlicher Bericht über die allgemeine Deutsche Gewerbe-Ausstellung zu Berlin 1844. Bd. III. Berlin 1846, No 2960
28 Preis-Courant von Götzinger Merseburg 1843. (Hinweis Christa Pieske, Lübeck)
29 Gertrud Meyer: Die Spielwarenindustrie im Erzgebirge. Leipzig 1911, S. 34 f
30 Abbildung in: Die Kunst, 13 (1910)
31 Rundschau über Spielwaren, Galanteriewaren und Sportartikel 161 (1914), S. 2646 (Hinweis Werner Schröder, Düsseldorf)

32 Striebel, Biberach um 1850, S. 103 (Stadtarchiv, Biberach a. R.)
33 Luise Wilhelmi und William Löbe: Illustrirtes Haushaltungs-Lexicon. Straßburg 1884, S. 401
34 Goethes Werke. 8. Bd. Dichtung und Wahrheit. Leipzig 1903, S. 8 f
35 Bogumil Goltz: Buch der Kindheit. Berlin 1854, S. 250
36 Wolfgang Gatzka: WHW-Abzeichen. München 1981, S. 97
37 Illustrirte Frauenzeitung 16. Juni 1883, S. 223
38 Manfred Bachmann: Holzspielzeug aus dem Erzgebirge. Dresden 1984, S. 195
39 Offizieller Ausstellungsbericht. Bd. 3, Wien 1873, S. 22
40 Paul Hildebrandt: Das Spielzeug im Leben des Kindes. Berlin 1904, S. 117
41 Wathner's Eisen- und Eisenwaaren-Kenner. Graz 1885, S. 189
42 Bestelmeier, Nürnberg 1803. Syst. Verz., S. 7
43 Amtlicher Bericht über die Allgeemeine Deutsche Gewerbe-Ausstellung zu Berlin 1844. Berlin 1846. Bd. II, S. 385 f
44 dieselbe. Bd. II, S. 258. 1844 hat Justus Assmann *34 Gegenstände aus verzinntem Eisenblech zur Ausstellung geliefefert.*
45 Götzinger, Merseburg 1843
46 Deutsche Gewerbe-Ausstellung Berlin 1844. Berlin 1846, Bd. II, S. 385
47 dieselbe Bd. III, S. 119
48 Von C. Baecker, D. Haas, C. Jeanmaire wurden in 11 Bänden eine Vielzahl von Märklin-Katalogen reproduziert. In der von C. Baecker und D. Haas herausgegebenen Reie *Die anderen Nürnberger* in bislang 6 Bänden sind ebenfalls in einigen Bänden Mädchenspielsachen enthalten.

49 Wathner, Graz 1885, S. 200
50 Deutsche Allgemeine Gewerbe-Ausstellung Berlin 1844. Berlin 1846, Bd. II,
   S. 122. Siehe auch Brigitte ten Kate:
   Email. Weil der Stadt 1983, S. 43, S. 83
51 Wathner; Graz 1885, S. 193 f
52 Brigitte ten Kate, 1983, S. 85: Die
   Gebrüder Baumann nahmen 1879 eine
   Ziehpresse in Betrieb.
53 *Und endlich sind wir mit Recht stolz
   auf unser schönes Kochgeschirr, außen
   feine lichtblaue, innen reinliche weiße
   Email...* Zit. Anna Jäger: Haustöchterchens Kochschule. Ravensburg 1896,
   S. 193
54 Brigitte ten Kate, 1983, S. 178
55 Märklin 4, S. 93-97
56 Alfred Faber: Entwicklungsstufen der
   häuslichen Heizung. Oldenburg 1957,
   S. 141 f. Die Entwicklung des Sparherdes
   ist nicht allein dem berühmten Grafen
   von Rumford zu verdanken.
57 Kleine Blechküche um 1850, abgeb. in
   C. Baecker u. a.: Vergessenes Blechspielzeug. Frankfurt/M 1982, S. 54
58 Ausführliches über die verwickelte
   Publikationsgeschichte bei Werner
   Schröder, siehe Literaturverzeichnis.
59 Märklin 1, S. 150
60 Elly Gregor ua.: Lieschens Puppenstube. 1894, S. 44 f
61 Dieses Kapitel ist dem Ausstellungs-
   Katalog A. Junker, E. Stille: Spielen
   und Lernen. Spielzeug und Kinderleben
   in Frankfurt 1750-1930, Frankfurt/M
   1984 entnommen.

Anonyme Fotografie, um 1925

Quellen- und Literaturverzeichnis

Außer der im folgenden angegebenen Literatur wurden Koch- und Haushaltungsbücher, Kataloge über Hausrat, Fotoalben und Zeitschriften für Innenarchitektur einbezogen.

Adreßbuch der gesamten sächsisch-thüringischen Industrie. Dresden 1901

Adreßbuch Deutscher Exportfirmen. Berlin/Leipzig 1885

Andritzky, Michael und Gert Selle (Hrsg.): Lernbereich Wohnen, Bd. I. Reinbek bei Hamburg 1979

Bauer, Ingolf: Hafnergeschirr, Katalog des Bayerischen Nationalmuseums (6). München 1980

Baeumerth, Karl: Bibliographie zur hessischen Keramik. Otzberg, 1980

Beecher, Catherine E. and Harriet Beecher Stowe: The American Women's Home. New York 1869

Benker, Gertrud: Altes bäuerliches Holzgerät. München 1976

Benker, Gertrud: Kuchelgeschirr und Essensbräuch. Regensburg 1977

Brödner, Erika: Moderne Küchen. München (1950)

Brödner, Erika und Rudolf Schlick: Heimgestaltung. Darmstadt (1959)

Deutsche Gewerbe-Ausstellung (Amtlicher Bericht über die) zu Berlin im Jahre 1844. Berlin 1846

Elcho, Rudolf: Ein Gang durch die Hygieine-Ausstellung zu Berlin. In: Illustrirte Frauenzeitung 16. Juli 1983, S. 222f

Faber, Alfred: 1000 Jahre Werdegang von Herd und Ofen. München 1950

Faber, Alfred: Entwicklungsstufen der häuslichen Heizung. Oldenburg 1957

Flink, Maria: Die perfecte Köchin. Ein Kochbuch einfach, deutlich und bewährt. Dillenburg 1854

Frauenalltag und Frauenbewegung in Frankfurt 1890-1980. Info-Blätter zur Ausstellung. Historisches Museum, Frankfurt/M 1981

Führer durch die Sächsisch-Thüringische Export-Industrie. Dresden 1897

Gatzka, Wolfgang: WHW-Abzeichen. München 1981

Gehren, Wilhelmine von: Küche und Keller. Ein hauswirtschaftliches Nachschlagebuch, zugleich ein Ratgeber. Berlin (1904)

Giedion, Sigfried: Die Herrschaft der Mechanisierung. Frankfurt/M 1982

Grasmann, Lambert: Kröninger Hafnerei. Regensburg 1978

Grein, Gerd J.: Materialien zur Töpferei in Hessen I, Keramik aus Marjoß im Spessart. Otzberg 1981

Grein, Gerd J.: Materialien zur Töpferei in Hessen II, der Kunsttöpfer Valentin Braun aus Urberach. Otzberg 1983

Kaiser, Hermann: Herdfeuer und Herdgerät im Rauchhaus. Wohnen damals. Museumsdorf Cloppenburg 1980

Kate-von Eicken, Brigitte ten: Email für Haushalt und Küche. Weil der Stadt, 1983

Kate-von Eicken, Brigitte ten: Küchengeräte um 1900. Weil der Stadt, 1979

Koch, Alexander: Das schöne Heim. Darmstadt 1920

Kopp, Kornelia: Ein Mädel will heiraten. Ratschläge für die Aussteuer. Leipzig (1938)

Lehmann, Gustav: Die Einrichtung der Bürgerlichen Wohnung. München 1924

Lux, Josef August: Die moderne Wohnung und ihre Ausstattung. Wien 1905

Mehringer, Rudolf: Das deutsche Haus und sein Hausrat. Leipzig 1906

Meyer, Gertrud: Die Spielwarenindustrie im Erzgebirge. Leipzig 1911

Müller, Heidi: Leben und Arbeitswelt städtischer Dienstboten. Berlin 1981

Müller-Wulckow, Walter: Die deutsche Wohnung der Gegenwart. Königstein/Ts. 1930

Naumann, Joachim (Hrsg.): Hessische Töpferei zwischen Spessart, Rhön und Vogelsberg, Katalog der Staatlichen Sammlungen Kassel. Melsungen (1975)

Neues Bauen, Neues Gestalten. Das neue Frankfurt, die neue Stadt, eine Zeitschrift zwischen 1926 und 1933. Hrsg. VEB Verlag der Kunst. Dresden 1984

Neundorfer, Ludwig: Wie wohnen? Königstein/Ts. o. J.

Offizieller Ausstellungsbericht. Weltausstellung Wien, Bd. 3. Wien 1873

Petzold, K. Figala: Sir Benjamin Thompson, Graf von Rumford (1753-1814). In: Kultur & Technik, Dez. 1983, S. 235f

Pröpper, Ludovica von: Eigner Herd. Guter Rath für junge Hausfrauen und solche, die es werden wollen. Frankfurt/M (1896)

Rottenhöfer, J.: Die gute bürgerliche Küche in allen ihren Theilen. München (1963); 1. Aufl. 1858

Rumford, Benjamin Graf von: Ueber Küchen-Feuerherde und Küchengeräthe, (Kleine Schriften politischen, ökonomischen und philosophischen Inhalts, Bd. 3). Weimar 1803

Schönheit des Wohnens, Deutscher Hausrat mit dem Gütezeichen der DAF. Sonderdruck aus: Der soziale Wohnungsbau in Deutschland, 2/41. Berlin 1941

Schuster, Franz: Eine eingerichtete Kleinstwohnung, Frankfurt/M 1927

Späth, Kristine: Töpferei in Schlesien, Bunzlau und Umgebung. München 1979

Stille, Eva u. Peter Beitlich: Aus der Küche um 1900. München 1978

Stille, Eva: Trautes Heim Glück allein. Gestickte Sprüche für Haus und Küche. Frankfurt/M 1979

Tiedemann, Lotte: Küche und Hausarbeitsraum. Frankfurt/M (1963)

Wahrlich, Hermann: Wohnung und Hausrat. München 1908

Wathner's praktischer Eisen- und Eisenwaaren-Kenner oder gründliche Anleitung zur Kenntniss der Eisenwaaren und deren Gattungen. Hrsg. Josef Tosch. Graz 1885

Weltausstellung 1873 Wien. Offizieller General-Katalog. Wien 1873

Wiessner, Paul: Die Anfänge der Nürnberger Fabrikindustrie. Frankfurt/M 1929

Wilhelmi, Luise und William Löbe: Illustrirtes Haushaltungs-Lexicon. Straßburg 1884

Wiswe, Mechthild: Hausrat aus Kupfer und Messing. München 1979

Kind, Kindheit, Spielzeug

Ariès, Philippe: Geschichte der Kindheit. München 1975

Baecker Carlernst und Christian Väterlein: Vergessenes Blechspielzeug. Frankfurt/M 1982

Bayer, Lydia: Das Spielzeugmuseum der Stadt Nürnberg. Nürnberg 1978

Betty, Tante: Nürnberger Puppenkochbuch. Nürnberg 1909

Bimbach, Julie: Kochbüchlein für die Puppenküche oder erste Anweisung zum Kochen für Mädchen von 8-14 Jahren. Nürnberg 1858

Davidis Henriette: Puppenköchin Anna. Praktisches Kochbuch für kleine und große Mädchen. Bearb. von Emma Heine. Leipzig (1891)

Ebers, Georg: Die Geschichte meines Lebens. Stuttgart 1893

Erbach-Schönberg, Fürstin Marie zu: Entscheidende Jahre. Aus meiner Kindheit. Darmstadt 1923

Fraser, Antonia: Spielzeug. Oldenburg/Hamburg 1966

Fritzsch, Karl Ewald u. Manfred Bachmann: Deutsches Spielzeug, Leipzig 1965

Ganghofer, Ludwig: Buch der Kindheit. Stuttgart 1922

Goethes Werke. 8. Bd. Dichtung und Wahrheit. Hrsg. A. Stern. Leipzig 1903

Goltz, Bogumil: Buch der Kindheit. Berlin 1854

Gregor, Elly und Johanna von Sydow: Lieschens Puppenstube. Leipzig (1884)

Haarer, M.: Kleines Kochbuch für Kinder. Eßlingen (1953)

Hildebrandt, Paul: Das Spielzeug im Leben des Kindes. Berlin 1904, Neuausgabe Berlin 1979

His, H. P.: Altes Spielzeug aus Basel. Basel 1979

Jäger, Anna: Haustöchterchens Kochschule für Spiel und Leben. Ravensburg (1896)

Kaut, Hubert: Alt-Wiener Spielzeugschachtel. Wien 1961

Kinderspielzeug. Katalog des Museums für Völkerkunde und des Museums für Volkskunde. Basel 1964

King, Constance Eileen: Das große Buch vom Spielzeug. Zollikon 1978

Kloos, Werner: Bremer Kinder und ihr Spielzeug. Bremen 1969

Korff, Gottfried: Puppentheater als Spiegel bürgerlicher Wohnkultur. In: Wohnen im Wandel. Wuppertal 1979

Kutschera, Volker: Spielzeug. Spiegelbild der Kulturgeschichte. Salzburg 1975

Leske, Marie: Illustrirtes Spielbuch für Mädchen. Leipzig 1865

Marwitz, Christa von der: Der kleinen Kinder Zeitvertreib. Darmstadt 1967

Marwitz, Christa von der: Spielzeug aus Frankfurter Familienbesitz. Frankfurt/M 1965

Aus Münchner Kinderstuben 1750-1930. Ausstellungskatalog Münchner Stadtmuseum. München 1976

Schneckenburger, Marie: Die kleine Köchin. Allerliebstes Puppen-Kochbüchlein für kleine brave Mädchen. Stuttgart o. J.

Schneider, Jenny: Spielzeug des 18. und 19. Jahrhunderts. Katalog des Schweizerischen Landesmuseums Bern. Bern 1969

Schröder, Werner: Historischer Abriß über die Geschichte der Puppen-Kinder-Kochbücher. In: Börsenblatt 78 (1981), S. 2257 ff

Schwindrazheim, Hildemarie: Altes Spielzeug aus Schleswig-Holstein. Heide i. Holst. 1957

Senft, Otto: Die Metallspielwarenindustrie und der Spielwarenhandel von Nürnberg und Fürth. Erlangen 1901

Die deutsche Spielwarenindustrie. Herausgegeben vom Ausschuß zur Untersuchung der Erzeugungs- und Absatzbedingungen der deutschen Wirtschaft. Berlin 1930

Thumm-Soffel, Britta: Puppengeschirr — Zeitgeschichte in der Puppenküche. In: Puppen & Spielzeug, 4. Jg. Heft 3 u. 4 (1979), 5. Jg. Heft 1, 3 u. 4 (1980)

Tintner, Erwin: Das Puppenkochbuch, 24 Speisen für den Puppentisch. Wien, Leipzig, München o. J.

White, Gwen: Toys, Dolls, Automata. Marks and Labels. London 1975

Wich, J. P.: Steckenpferd und Puppe. Nördlingen, 1847

Wilckens, Leonie von: Tageslauf im Puppenhaus, bürgerliches Leben vor dreihundert Jahren. München 1956

Wilckens, Leonie von: Das Puppenhaus. Vom Spiegelbild des bürgerlichen Hausstands zum Spielzeug für Kinder. München 1978

Liste der wichtigsten
Spielwaren-Musterbücher und -Kataloge

Die im Text benutzte Abkürzung ist
jeweils in Klammer angegeben.

Bestelmeier, Georg Hieronimus: Magazin.
Nürnberg 1803. Zürich 1979 (Reprint)
(Bestelmeier, Nürnberg 1803)
Au Bon Marché: Etrennes-Jouets, Paris
1913. In: Toys, Dolls, Games, Paris
1903-1914, London 1981 (Reprint)
(Au Bon Marché, Paris 1913)
Borho, H.: Katalog über Spielwaren,
Baden-Baden um 1913
(Borho, Baden-Baden, um 1913)
Engels, C.W., Engelswerk Stahlwaren-
Fabrik: Weihnachtspreisliste. Foche/
Solingen 1913
(Engels, Foche 1913)
Faber, Arthur, Holzwarenfabrik: Katalog
Küchen/Haushaltartikel/Möbel.
Bietigheim/Württ. 1910
(Faber, Bietigheim 1910)
Fischer, F.&R., Blech- und Metallwaren-
Fabrik: Illustrierte Preisliste. Göppingen,
1896
(Fischer, Göppingen, 1896)
Gamage's: Catalogue, London 1902-1906.
In Mr. Gamage's Great Toy Bazaar.
London 1982 (Reprint)
(Gamage's, London 1902-06)
Götzinger, August: PreisCourant von Spiel-
sachen eigner Fabrik. Merseburg
Februar 1843
(Götzinger, Merseburg 1843)
Herz & Ehrlich, Fabrikation und Export:
Illustrirte Preisliste No 6. Breslau (1899)
(Herz & Ehrlich, Breslau 1899)
Hesmer & Möllhoff: Aluminium-Spiel-
waren. Bärenstein/Westf. 1927
(Hesmer & Möllhoff, Bärenstein 1927)
Holzspielsachen-Musterbuch, Nürnberg um
1870. (Besitz Stadtbibliothek Nürnberg)
(Holzspielsachen-Musterbuch, Nürnberg
um 1870)

Kohnstam, Moses: Katalog, Nürnberg
1928-1930. In: Carlernst Baecker, Dieter
Haas: Die Anderen Nürnberger, Techni-
sches Spielzeug aus der »Guten Alten
Zeit«, Bd. 5. Frankfurt 1976
(Moko, Nürnberg 1928-30)
Lutz, Ludwig: Auszüge aus Musterbüchern,
Ellwangen 1846-91. In: C. Baecker,
C. Väterlein: Vergessenes Blechspielzeug.
Frankfurt/M 1982
(Lutz, Ellwangen 1846-91)
Märklin, Gebrüder: Hauptkatalog, Abt. I
Einrichtungs-Gegenstände für Kinder-
küchen etc. Kochherde und Küchen.
Göppingen 1895, 1900-1902. In: Carl-
ernst Baecker, D. Haas, C. Jeanmaire:
Märklin 1. Technisches Spielzeug im
Wandel der Zeit. Frankfurt 1975
(Märklin 1, Göppingen 1895)
Märklin, Gebr. & Cie.: Katalog M 9,
Göppingen 1909-1912. In: C. Baecker,
D. Haas, C. Jeanmaire: Märklin 4. Tech-
nisches Spielzeug im Wandel der Zeit.
Frankfurt/M 1978
(Märklin 4, Göppingen 1909-1912)
Märklin, Gebrüder: Hauptkatalog (Spiele),
Göppingen 1919-1921. In: C. Baecker,
D. Haas, C. Jeanmaire: Märklin 6. Tech-
nisches Spielzeug im Wandel der Zeit.
Frankfurt/M 1980
(Märklin 6, Göppingen 1919-1921)
Meyer, E.L., Auswahl: Liste 24. Hildes-
heim 1925
(Meyer, Hildesheim 1925)
Meyer, E.L., Auswahl: Liste 26S, Spiel-
waren. Hildesheim (1927)
(Meyer, Hildesheim, 1927)
Meyer, E.L., Auswahl KG: Spielwaren-
Preisliste. Hildesheim 1968
(Meyer, Hildesheim 1968)
Müller, Wilhelm Aug.: Puppen, Spiel-
waren, Christbaumschmuck. Sonneberg/
Thür. um 1925
(Müller, Sonneberg, um 1925)
Niessner, Anton, C.: Spielwaren-Katalog.
Wien, um 1910
(Niessner, Wien, um 1910)

Niessner, Anton, C.: Alle Kinder wün-
schen. Wien (1930)
(Niessner, Wien 1930)
Nürnberger Musterbücher um 1850/60. In:
Christa Pieske: Schönes Spielzeug aus
alten Nürnberger Musterbüchern. Mün-
chen 1979 (Reprint)
(Nürnberger Musterbücher um 1850/60)
Nürnberger Spielzeugkatalog, Mitte
19. Jahrhundert. Besitz Det Danske
Kunst-Industriemuseum. Kopenhagen
(Nürnberger Spielzeugkatalog, Mitte
19. Jahrhundert)
Printemps, Grands Magasins du: Leksaker.
Paris 1891-92, für Skandinavien ge-
druckt. Reprint des Spielzeugmuseums
in Stockholm 1980
(Printemps, Paris 1891-92)
Samaritaine, La: Jouets, Paris 1906, 1909,
1910, 1913, 1914. In: Toys, Dolls Games.
Paris 1903-1914. London 1981 (Reprint)
(La Samaritaine, Paris, 1906/14)
Schmincke & Haase, Großhandlung:
Katalog. Göttingen um 1930
(Schmincke & Haase, Göttingen, um
1930)
Söhlke, G., Nachf. Spielwaren-Fabrik:
Illustrirter Katalog und Preis-Courant.
Berlin (1893)
(Söhlke, Berlin 1893)
Sonneberger Spielzeugmusterbuch (Spiel-
waren-Mustercharte von Johann Simon
Lindner, Sonneberg 1831). Leipzig 1979
(Reprint)
(Sonneberger Spielzeugmusterbuch 1831)
Spielzeuge, 700, Nürnberg, um 1954.
Düsseldorf 1979 (Reprint)
(700 Spielzeuge, Nürnberg, um 1954)
Spielzeuge, 1200, Nürnberg, um 1954.
Düsseldorf 1979 (Reprint)
(1200 Spielzeuge, Nürnberg, um 1954)
Striebel, Gottfried: Musterbuch, Biberach
an der Riß, um 1850. In: C. Baecker,
C. Väterlein: Vergessenes Blechspielzeug.
Frankfurt/M 1982, bzw. Stadtarchiv
Biberach a. d. Riß
(Striebel, Biberach, um 1850)

Stukenbrok, August: Illustrierter Haupt-katalog. Einbeck 1912. Nachdruck nach dem Original des Stadtarchivs Einbeck: Olms Presse, Hildesheim 1973 (Stukenbrok, Einbeck 1912)

Stukenbrok, August: Illustrierter Haupt-katalog. Einbeck 1926. Nachdruck nach dem Original des Stadtarchivs Einbeck: Olms Presse, Hildesheim 1974 (Stukenbrok, Einbeck 1926)

Aux Trois Quartiers: Jouets, Paris 1906. In: Toys, Dolls, Games, Paris 1903-1914. London 1981 (Reprint) (Aux Trois Quartiers, Paris 1906)

Ullmann & Engelmann: Preis-Courant. Fürth/B., um 1900. In: C. Baecker, D. Haas, C. Väterlein: Die Anderen Nürnberger, Technisches Spielzeug aus der »Guten Alten Zeit«, Bd. 6. Frank-furt/M 1981 (Ullmann & Engelmann, Nürnberg, um 1900)

Ville de St. Denis, Grands Magasins de la: Jouets, Paris 1903, 1910, 1911, 1914. In: Toys, Dolls, Games, Paris 1903-1914. London 1981 (Reprint) (Ville de St. Denis, Paris 1903-1914)

Waldkirchner Spielzeugmusterbuch, Das, (Der Spielwarenverlag Carl Heinrich Oehme, Waldkirchen, um 1850). Leipzig 1977 (Reprint) (Waldkirchener Spielzeugmusterbuch, um 1850)

A. Wertheim, Warenhaus, Berlin: Mode-Katalog 1903/04. Nachdruck: Olms Presse, Hildesheim 1982 (Wertheim, Berlin 1903/04)

Außerdem wurden Kataloge der letzten dreißig Jahre von verschiedenen Kauf-, Versandhäusern und Spielwarengeschäften benutzt.

Bildnachweis

Alle abgebildeten Objekte entstammen der Sammlung E. Stille, Frankfurt, und wurden von Severin Stille, Frankfurt, fotografiert, wenn nicht in der Bildunterschrift anderes vermerkt ist.

Herd, um 1900. Schwarzblech geprägt, Türen und Löwenfüße Messing. Für Spiritus; Weißblech-Kochgeschirr. Höhe (ohne Kamin) 12 cm